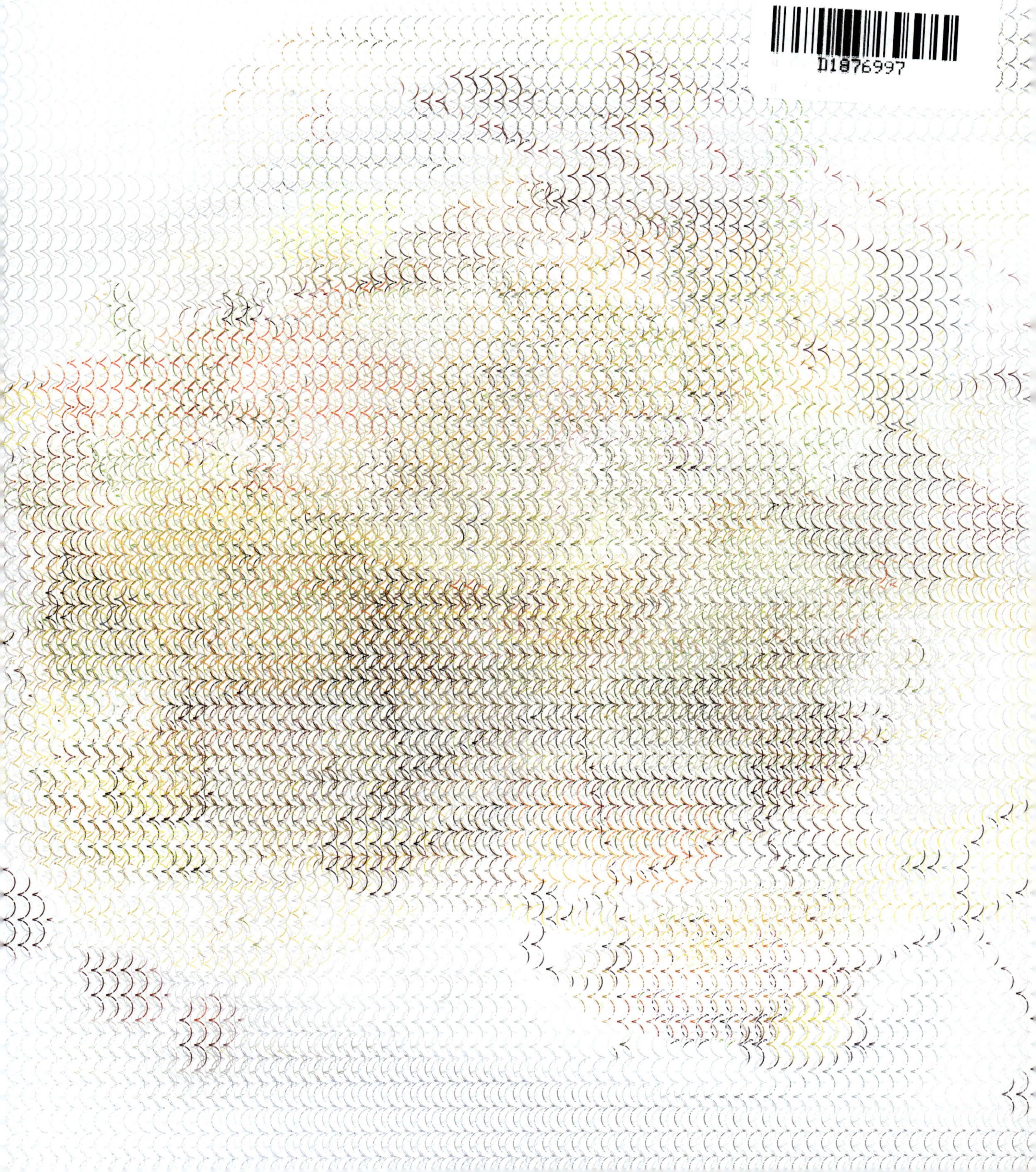

29,99

delikat &
formvollendet

Martina Göldner-Kabitzsch / Susann Kreihe

delikat & formvollendet

Besondere Menüs perfekt inszeniert

Mit Fotos von Franziska Taube

Jan Thorbecke Verlag

VERLAGSGRUPPE PATMOS

PATMOS
ESCHBACH
GRÜNEWALD
THORBECKE
SCHWABEN

Die Verlagsgruppe
mit Sinn für das Leben

MIX
Papier aus verantwortungsvollen Quellen
FSC® C004592

Für die Schwabenverlag AG ist Nachhaltigkeit ein wichtiger Maßstab ihres Handelns. Wir achten daher auf den Einsatz umweltschonender Ressourcen und Materialien. Dieses Buch wurde auf FSC®-zertifiziertem Papier gedruckt. FSC (Forest Stewardship Council®) ist eine nicht staatliche, gemeinnützige Organisation, die sich für eine ökologische und sozial verantwortliche Nutzung der Wälder unserer Erde einsetzt.

www.thorbecke.de

Gestaltung: Finken & Bumiller, Stuttgart, Saskia Bannasch
Druck: Firmengruppe APPL, Wemding
Hergestellt in Deutschland
ISBN 978-3-7995-0772-1

INHALT

EINLEITUNG

Kochen ist unsere Leidenschaft, verbunden mit der Vorfreude auf den anschließenden Genuss. Schon beim Kochen selbst werden Nase und Gaumen verwöhnt, und es stellt sich die Frage, wie die Speisen gekonnt angerichtet werden können, damit auch das Auge genießen kann. Besonders wenn sich Besuch angekündigt hat, gewinnt dieser Punkt große Bedeutung, denn fantasievoll präsentierte Speisen sind auch ein liebevolles Kompliment an Ihre Gäste. Als Köche haben wir die Möglichkeit, selbst mit einfachsten Mitteln unsere Kreationen so zu präsentieren, dass allein schon deren Anblick die Gäste verzaubert: Indem Sie Ihre Suppe mal nicht wie sonst im tiefen Teller servieren, sondern in einem formschönen Glas oder in einer Cappuccino-Tasse, indem Sie Ihren Salat erblühen lassen und mit Pralinen verfeinern, Ihren Fisch aufrollen oder in Pergament servieren oder indem Sie einzelne Komponenten schichten.

Alle Rezepte in diesem Buch zeichnen sich durch raffinierte Kombinationen aus, gepaart mit fantasievollen Präsentations- und Dekorationsideen, die für besondere »Wow-Effekte« sorgen. Selbst einfache Zutaten bekommen durch eine originelle Art der Zubereitung und der kunstvollen Inszenierung einen glamourösen Touch. Wir stellen Ihnen in neun Kapiteln ganz unterschiedliche Möglichkeiten vor, Ihre Speisen außergewöhnlich und mit viel Liebe zum Detail anzurichten und zu präsentieren. Spielen Sie mit Farben und Formen, mit Texturen und Aromen, denn schon das stellt Erwartungen an das nachfolgende Geschmackserlebnis.

Sie finden in den einzelnen Kapiteln jeweils vier Gerichte. Diese Vorspeisen, Zwischengerichte, Hauptgerichte und Desserts können Sie als Menüabfolge betrachten. Es lassen sich jedoch auch alle Gerichte aus den verschiedenen Themenbereichen kombinieren.

Beginnen möchten wir mit einem Einführungskapitel in die Welt des »Food Stylings«, in dem Sie Grundlegendes über das Anrichten von Speisen, aber auch Tipps und Tricks aus der Profiküche erfahren.

Sie selbst können kleine »Wunderwerke« auf den Tisch bringen, außergewöhnlich und aufregend angerichtet. Lassen Sie sich von unseren Ideen inspirieren und kreieren Sie Gerichte, die alle Sinne ansprechen.

Mit Franziska Taube haben wir eine Fotografin gefunden, deren Stil die Leichtigkeit und Raffinesse der Gerichte aufgreift und transportiert. Ihre klare und puristische Art der Fotografie lenkt den Blick direkt auf das Wesentliche. Kurz gesagt, ihre Bilder wecken Emotionen.

Wir wünschen Ihnen viel Freude beim Nachkochen und Anrichten der köstlichen Gerichte

Martina Göldner-Kabitzsch & Susann Kreihe

EINFÜHRUNG IN DIE WELT DES »FOOD STYLINGS«

Der aus dem Englischen übernommene Begriff *Food Styling* bedeutet im übertragenen Sinne das »Herausputzen von Lebensmitteln«, meist, um sie für Fotos gekonnt in Szene zu setzen. Die Bilder sollen Appetit machen und verführen, allein schon durch deren Anblick. Ebenso wichtig ist es, wie Sie Ihre Speisen präsentieren, denn auch hier zählt der erste Eindruck. Nicht nur Foodstylisten und Profiköche, auch Sie können außergewöhnliche Köstlichkeiten mit großer Wirkung für Auge und Gaumen zaubern. In diesem ersten Kapitel möchten wir Ihnen einige Grundlagen und Anregungen mit an die Hand geben, die zeigen, wie Sie auch ohne großen Aufwand Ihre Kreationen kunstvoll anrichten und stilvoll servieren können. In den folgenden neun Kapiteln, die wir mit den Adjektiven *Aufgespießt, Eingeschenkt, Gerollt, Erblüht, Formvollendet, Hochgestapelt, Knusprig, Kunterbunt* und *Luftig-Leicht* überschrieben haben, überzeugen dann die einzelnen Menüs durch fantasievolle Kombinationen und vor allem durch ihre raffinierte Präsentation.

Das Geschirr

Bei der Wahl des Geschirrs empfehlen wir eher neutrales, unifarbenes Geschirr. Aufwendige Designs lenken leicht von dem Gericht ab und treten in Konkurrenz zu Ihrer Komposition. Gläser oder außergewöhnlich geformte Glasgefäße sind bestens geeignet, um alle Arten von Lebensmitteln in Szene zu setzen. Da sie durchsichtig sind, sind sie perfekt, um Gerichte schichtweise anzurichten. Kaffeetassen sind sehr praktisch für Suppen oder Desserts, besonders wenn Sie eine kleine Portion mit intensivem Geschmack servieren möchten. Verwenden Sie schönes Besteck und Servietten, um Ihre Präsentation abzurunden.

Die einzelnen Komponenten

Wie so oft, ist auch beim Anrichten von Speisen eine gute Planung wichtig! Schon bei der Auswahl der einzelnen Komponenten Ihres Gerichts ist Einiges zu beachten. Das Spiel mit Harmonien und Gegensätzen, inspiriert durch den gezielten Einsatz von Formen und Farben, ist dabei der Schlüssel zur gekonnten Präsentation. Grundsätzlich gilt:

1. Zwei oder drei Farben sind besser als eine. 2. Planen Sie mehrere verschiedene Formen ein, nicht nur zwei. Auch unterschiedliche Höhen bieten Abwechslung.
3. Eine ausgewogene Kombination der Konsistenzen der verschiedenen Speisen bringt Abwechslung. 4. Spannung erzeugen Sie auch mit unterschiedlichen Temperaturen.
5. Achten Sie darauf, die Portionsgröße der Größe des Tellers anzupassen. Der Teller

darf nicht überladen aussehen und die Dekoration sollte geschmacklich zum Gericht passen. 6. Aromen kann man zwar nicht sehen, aber Sie sollten wissen, wie sie zusammen reagieren, wenn Sie Ihre Zutaten kombinieren. Das erfordert etwas Übung und Geduld. Sie dürfen dabei Ihrer Fantasie jedoch freien Lauf lassen.

Den Teller wirkungsvoll anrichten

Nachdem Sie sich nun für die Komponenten Ihres Gerichts entschieden haben, gilt beim Anrichten der Teller »weniger ist mehr«! Gestalten Sie den Teller übersichtlich und servieren Sie Beilagen zum Nachreichen in separaten Schüsseln. Richten Sie Ihre Speisen auf dem Teller möglichst symmetrisch und im gleichen Abstand zu den Tellerrändern an. Symmetrie wird vom menschlichen Auge instinktiv als schön und harmonisch empfunden. Platzieren Sie den Hauptbestandteil in der Mitte des Tellers und verteilen Sie die anderen Komponenten rundherum. Sorgen Sie außerdem für farbliche Harmonie. Mit Kräutern, essbaren Blüten und selbst gestalteten Gemüse-Garnituren geben Sie Ihrem Teller den letzten Schliff. Verwenden Sie nur essbare Dekorationen und solche, die geschmacklich mit dem eigentlichen Gericht harmonieren. Schön anrichten heißt also, auf dem Teller Platz zum Essen zu lassen und mit liebevollen Dekorationen etwas Besonderes (und nicht Alltägliches) zu schaffen.

Kleine Tipps und Tricks mit großer Wirkung

SUPPEN Cremesuppen verleihen Sie mit einem Streifen aus Crème fraîche oder mit aufgestreuten Kräutern, Gewürzen oder essbaren Blüten schnell eine besondere Note. Hierbei sollte das verwendete Gewürz geschmacklich zur Suppe passen, es kann aber einen farblichen Kontrast bilden. Gestalten Sie Gemüseeinlagen für klare Suppen beispielsweise in Kugelform oder in feinen Streifen. Besonders gut eignen sich hierfür Wurzelgemüse wie Möhren, Sellerie, Kohlrabi, aber auch Zucchini und Kartoffeln. Eine Kürbissuppe kann direkt in der Frucht serviert werden, ebenso wie im Sommer eine Kaltschale in einer Melone. Suppe einmal im Glas oder in einer Tasse zu servieren, ist eine weitere Möglichkeit, schnell und mit wenig Aufwand zu beeindrucken.

SALATE Richten Sie Salat doch einmal in einem Glas an oder schichten Sie ihn direkt in der Tellermitte und träufeln Sie das Dressing außen herum. Sie können die Salatblätter auch im Vorfeld in einer Vinaigrette marinieren, dann zu einem kleinen Sträußchen zusammenlegen und in einen ausgehöhlten Salatgurkenring stecken – so erhalten Sie ein fantastisch aussehendes Salat-Bouquet. Essbare Blüten lassen auch Salate optisch erstrahlen und sorgen nebenbei noch für ein besonderes Aroma. Für Geschmack und beeindruckende Präsentation sorgen Sie, wenn Sie Ihren Salat in einem selbst gebackenen Parmesankörbchen servieren.

FLEISCH Kurzgebratenes Fleisch kommt sehr gut zur Geltung, wenn Sie die Fleischstücke nach dem Garen in Tranchen schneiden. Sie wirken sehr schön, wenn sie auf einer Beilage als Fächer drapiert werden oder aneinander gelehnt auf den Teller gebracht werden.

KARTOFFELN & CO. Auch klassische Beilagen wie Kartoffeln, Reis, Nudeln und Gemüse lassen sich mit einfachen Mitteln in echte Hingucker verwandeln. Servieren Sie Kartoffeln doch einmal in Form von Kartoffelgittern, -fächern, -spiralen oder als Kartoffelstroh. Mit Curry, Tomatenmark oder Spinat veredelter Reis wirkt wunderbar als farbiger Akzent auf dem Teller. Auch bei selbst gemachten Nudeln kann man durch Einfärben des Teiges mit Sepia-Tinte, Rote-Bete-Saft oder Petersilienpüree nicht nur farblich, sondern auch geschmacklich punkten. Bei Püree, Reis- und Gemüsebeilagen leisten Metallringe oder -formen zum effektvollen Anrichten gute Dienste, Nudeln hingegen sehen toll aus als Nudelnester oder zu Wickeln gedreht.

SAUCEN Getupft, gestrichen oder als Spiegel – Saucen geben nicht nur Ihrem Gericht den letzten Schliff, sondern sorgen auch für eine besondere Optik. Ihre Speisen sollten aber niemals in Sauce schwimmen. Servieren Sie den Rest lieber separat in einer Sauciere. Dient die Sauce eher als Verzierung, haben Sie die Wahl zwischen Streifen, Tupfen, Gittern, gemalten Ornamenten usw. Sehr dekorativ sieht zum Beispiel ein mit einem breiten Pinsel gezogener Streifen aus Balsamico-Reduktion oder bei Desserts aus geschmolzener Schokolade aus.

DESSERTS Ein köstliches Dessert bildet den krönenden Abschluss eines guten Essens. Schon mit wenig Aufwand, aber großer Wirkung lassen sich in einem formschönen Glas, schichtweise eingefüllt, äußerst raffinierte Süßspeisen zubereiten. Etwas mehr Zeit müssen Sie in selbst hergestellte Schokoladen-, Mürbe- oder Blätterteigkörbchen investieren, aber die Mühe lohnt sich, da sie nicht nur sehr dekorativ sind, sondern auch geschmacklich Einiges zu bieten haben. Außerdem lassen sie sich gut vorbereiten. Als i-Tüpfelchen sind Schokoladen-Ornamente, Zuckergitter, kandierte Früchte und Blüten oder gebackene Wan-Tan-Segel sehr beeindruckend – die Möglichkeiten sind auch hier unerschöpflich.

Nützliche Geräte

Für rundum schöne Dekorationen sind *Kugelausstecher*, die es in verschiedenen Größen von mini bis maxi gibt, sehr hilfreich. Mit ihnen können Sie auch das Kerngehäuse aus Birnen und Äpfeln entfernen oder Pfirsiche, Gurken und Tomaten aushöhlen.
Weitere Helfer für kleine und größere Hochstapeleien sind hohe *Metallringe*, die Sie auch zum Formen von Reis und Couscous und zum exakten Platzieren in der Tellermitte nehmen können. Sie lassen sich aber ebenso zum Ausstechen, zum Backen und als Förmchen nutzen.
Sehr praktisch ist ein *Gemüsehobel* mit auswechselbarer Klinge, mit dem Sie Früchte oder Gemüse schnell in gleichmäßig dünne Scheibchen oder in feine Streifen hobeln können. Ein kleiner *Gasbrenner* verhilft einer Crème brûlee in kürzester Zeit zu einer zartknusprigen Zuckerschicht, und ein *Pürierstab* ist fast unentbehrlich zum Pürieren, Mixen und Aufschäumen.

AUFGESPIESST

Spieße in Hülle und Fülle

Spießig sind wir nicht, wir liegen im Trend. Auf jeder Fingerfood-Party erfreuen sich aufgespießte Gerichte größter Beliebtheit. Bei uns bekommen sie auf dem Teller allerdings eine Hauptrolle zugewiesen. Denn Spieße in ihrer Vielfalt werten jedes Gericht nicht nur optisch, sondern auch kulinarisch auf. Die Vielfalt an »Spießen« ist schier unerschöpflich: Ob Holz-, Bambus- oder Kunststoff, ob Zitronengras, Salbei, Lorbeer, Rosmarin oder Zimtrinde – für jeden Geschmack ist etwas dabei.

Auf geschmacksneutrale Spieße sollten Sie immer dann zurückgreifen, wenn die Zutaten an sich sehr aromatisch sind oder durch Marinaden oder Beizen gewürzt werden, denn bei diesen Gerichten steht das Produkt selbst im Vordergrund.

Holzspieße sollten Sie für eine Stunde in kaltes Wasser legen, dann brennen sie beim Braten oder Grillen nicht an.

Zitronengrasstangen werden der Länge nach so halbiert, dass die Hälften am Wurzelende noch zusammenhalten und vorn schräg angeschnitten. So lassen sich Fisch und Fleisch leichter aufnehmen. Außerdem gibt das Zitronengras so besser sein Aroma ab. Lassen Sie diese Spieße ruhig über Nacht gut durchziehen. Ebenso sollte man bei Zimtrinde verfahren. Die Ausnahme bilden stabile Rosmarinzweige, denn deren Aroma ist sehr intensiv und geht durch Braten oder Erwärmen leicht ins Gargut über. Bitte beachten Sie, dass ältere Zweige holziger sind und sich

besonders gut eignen. Die kahlen Enden können Sie mit einem Messer anspitzen, dann geht das Aufspießen von Fleisch, Fisch und Gemüse wesentlich leichter.
Bunte Spieße aus Kunststoff oder Metall, mit Kügelchen, Fähnchen oder anderen Verzierungen sind besonders für kalte Speisen zu verwenden, da sie z.T. nicht erhitzt werden dürfen. Diese kleinen Spieße können dann wirkungsvoll auf Salat und Gemüse oder auf einem mit Suppe gefülltem Glas serviert werden.

Historisches

Zu den Urformen des Kochens, lange bevor die Menschen Töpfe und Pfannen benutzten, gehörte das Zubereiten der Mahlzeiten am Spieß über dem offenen Feuer.
In der gehobenen Küche des Adels und der Oberschichten spielte *Spießbraten* bis zum 19. Jahrhundert eine wichtige Rolle, und heute noch wird »Spanferkel vom Grill« gerne gegessen. Früher wurden, vor allem in der Fastenzeit, auch Fische am Spieß gebraten.
Im bayrischen Alpenvorland und in Oberösterreich gilt *Steckerlfisch*, also am Stab gegrillter Fisch, als heimische Spezialität.

Aus aller Welt

In vielen Kulturen hat das Zubereiten von Fleisch am Spieß eine sehr lange Tradition.
Die brasilianische Spezialität *Rodizio*, wörtlich übersetzt »das sich Drehende«, geht auf die ehemaligen Viehzüchter, die Gauchos, zurück, die abends am Lagerfeuer auf großen Spießen Fleisch grillten.
Satay (oder auch Saté) ist ein Grillgericht, das ursprünglich aus Indonesien stammt, aber in vielen Ländern beliebt ist. Satay bedeutet auf Indonesisch einfach so viel wie »Fleisch, das auf Bambusspießchen über Holzfeuer gegrillt wird«. Die Zutaten und die Zubereitung variieren stark von Land zu Land.
In Spanien genießt man *Pinchos*, eine raffiniert aufgespießte Fingerfood-Variante der Tapas. Ebenso aromatisch, würzig und fantasievoll wie die Tapas, haben Pinchos den Vorteil, weder auf Schälchen noch auf Teller oder gar Besteck angewiesen zu sein, um von der Tafel in den Mund zu wandern. Lediglich ein Spießchen, also ein Pincho, ist vonnöten, um die einzelnen Komponenten zusammenzuhalten oder den Belag auf einer Brotscheibe zu befestigen.
Auch den *Döner Kebab* wollen wir nicht unerwähnt lassen. Es ist nicht zwingend ein kulinarisches Highlight, das »sich drehende Grillfleisch«. Diese Zubereitung von Fleisch am Drehspieß hat besonders in Anatolien eine sehr lange Tradition.

Grünes Spargelfloß mit Ziegenkäse | FÜR 4 PORTIONEN

1 *Balsamico-Reduktion*

1 EL Zucker
100 ml Aceto Balsamico
1 Prise Salz

Zucker und Balsamico mit einer Prise Salz in einen Topf geben, aufkochen und bei milder Hitze sirupartig einkochen lassen, vom Herd nehmen und abkühlen lassen.

2 *Strudel-Segel*

1 TL Kaffeebohnen
1 TL Zartbitterschokolade (Tropfen)
1 TL brauner Kandis
1 TL schwarze Pfefferkörner
2 Strudelblätter (Kühlregal)
30 g Butter, flüssig

Den Backofen auf 200 °C Ober-/Unterhitze (180 °C Umluft) vorheizen. | Kaffeebohnen, Schokolade, Kandis und schwarzen Pfeffer mischen und in eine leere Gewürzmühle füllen. | Ein Strudelblatt auf der Arbeitsfläche auslegen und mit flüssiger Butter bestreichen. Mit der Gewürzmischung bestreuen. Ein zweites Strudelblatt darauflegen und andrücken. Mit einem scharfen Messer in Dreiecke schneiden und auf ein mit Backpapier ausgelegtes Blech geben. | Im vorgeheizten Backofen 3–5 Minuten goldbraun backen.

3 *Spargelflöße*

24 Stangen grüner Spargel
2 EL Olivenöl
1 EL Zucker
Salz
Pfeffer aus der Gewürzmühle
4 Holz- oder Bambusspieße

Die Spargelstangen im unteren Drittel schälen und die Enden abschneiden. Das Olivenöl mit dem Zucker in einer Pfanne erhitzen, die Spargelstangen darin von allen Seiten anbraten und mit Salz und Pfeffer würzen. Aus der Pfanne nehmen, etwas abkühlen lassen und jeweils 6 Stangen auf einen Holz- oder Bambusspieß stechen.

4 *Dekoration*

200 g Ziegenfrischkäse (Rolle)

Zum Anrichten die warmen Spargelspieße auf Tellern platzieren und den Ziegenkäse darüberbröckeln. | Jeweils die Strudelblätter wie ein Segel daraufstecken und mit dem Kaffee-Gewürz bestreuen. | Balsamico-Reduktion auf die Teller tupfen oder mit einem Pinsel einen breiten Strich ziehen.

Geflügelleber-Apfel-Spieß auf Feldsalat mit Zimt-Dressing | FÜR 4 PORTIONEN

1 *Geflügelleber-Apfel-Spieß*

400 g Geflügelleber
3 Äpfel, fruchtig
30 g Butter
2 Zimtstangen
2 Zweige Thymian
Salz
Pfeffer aus der Gewürzmühle
8 Holzspieße

Die Leber putzen und in mundgerechte Stücke schneiden. Die Äpfel waschen und mit Hilfe eines Kugelausstechers das Fruchtfleisch ausstechen. | Die Leberstücke und die Apfelkugeln abwechselnd auf Holzspieße stecken. | Die Butter in einer Pfanne erhitzen, die Zimtstangen und den Thymian zugeben und die Spieße darin von jeder Seite 1 Minute anbraten. Zuletzt mit Salz und Pfeffer würzen.

2 *Kartoffelwürfel*

2 Kartoffeln, festkochend
30 g Butter
Salz

Die Kartoffeln waschen, schälen und in kleine Würfel schneiden. Die Butter in einer Pfanne erhitzen und die Kartoffelwürfel darin goldbraun und knusprig ausbraten. Mit Salz würzen und auf Küchenpapier abtropfen lassen.

3 *Feldsalat mit Zimt-Dressing*

200 g Feldsalat
1 Msp. Zimtpulver
1 TL Dijonsenf, grob
2 EL Weißweinessig
3 EL Olivenöl
Salz
Pfeffer aus der Gewürzmühle
etwas Zucker

Den Feldsalat putzen, waschen und trocken schleudern. |Das Zimtpulver, den Senf und den Essig in einer Schüssel verrühren. Das Olivenöl unterrühren und mit Salz, Pfeffer und etwas Zucker abschmecken. | Den Feldsalat damit marinieren. | Zum Anrichten den Feldsalat in Schüsseln oder auf Tellern anrichten, jeweils zwei Spieße darauflegen und mit den Kartoffelwürfeln bestreuen. Mit dem restlichen Dressing beträufeln und mit frisch gemahlenem Pfeffer vollenden.

Schaschlik vom Kalbsfilet mit gebratenen Süßkartoffeln | FÜR 4 PORTIONEN

1 *Schaschlik*

600 g Kalbsfilet
8 Scheiben Bacon
8 feste Zweige Rosmarin
12 kleine Champignons
12 Kirschtomaten
2 EL Olivenöl
Salz
Pfeffer aus der Gewürzmühle

Das Kalbsfilet in acht Scheiben schneiden und diese jeweils halbieren. Die Bacon-Scheiben halbieren und jeden Kalbsfilet-Würfel in eine Scheibe Bacon einwickeln. | Die Rosmarinzweige bis auf die Spitze von den Nadeln befreien. Das Fleisch, die Champignons und die Kirschtomaten abwechselnd auf die Rosmarinzweige stecken. | Das Olivenöl in einer Pfanne erhitzen und die Spieße darin von allen Seiten 2 Minuten anbraten. | Mit Salz und Pfeffer würzen. Bei milder Hitze weitere 5 Minuten ziehen lassen.

2 *Gebratene Süßkartoffeln*

3 Süßkartoffeln, ca. 700 g
30 g Butter
Salz
Pfeffer
½ Bio-Zitrone
100 g Sauerrahm
2 Schalen Gartenkresse

Die Süßkartoffeln waschen, schälen und in 1 cm große Würfel schneiden. Die Butter in einer Pfanne erhitzen und die Würfel darin goldbraun anbraten. Mit Salz, Pfeffer und einem Spritzer Zitronensaft würzen. | Den Sauerrahm unterrühren und die Hälfte der Kresse dazugeben. | Zum Anrichten die Süßkartoffeln mit Hilfe von zwei Esslöffeln zu Nocken formen und auf Tellern verteilen. Jeweils zwei Spieße anlegen und mit der restlichen Gartenkresse bestreuen. Mit frisch gemahlenem Pfeffer bestreuen und servieren.

Schokoladen-Lavendel-Fondue | FÜR 4 PORTIONEN

1 *Schokoladen-Lavendel-Fondue*

100 g Zartbitterschokolade
150 ml Schlagsahne
1 TL Lavendelblüten

Die Schokolade grob hacken. Die Schlagsahne in einem Topf erwärmen und die Schokolade darin unter Rühren schmelzen. Lavendel nach Geschmack zugeben.

2 *Fondue-Einlage*

100 g Himbeeren
100 g Erdbeeren
100 g Heidelbeeren
100 g Brombeeren
1 Mango
½ Ananas
150 g Physalis
Holzspieße

Die Beeren unter fließendem Wasser abbrausen und auf Küchenpapier abtropfen lassen. | Die Mango und die Ananas schälen und in Würfel schneiden. Die Physalis aus der Schale ziehen, diese umschlagen und zusammendrehen. | Die vorbereiteten Früchte auf einer Platte anrichten und mit kleinen Holzspießen versehen. | Das Schokoladen-Fondue in kleine, vorgewärmte Schalen füllen und mit einigen Lavendelblüten bestreuen.

EINGESCHENKT

Verrine

Haben Sie schon einmal etwas von »Verrine« gehört? Wörtlich übersetzt heißt es »Gläschen« oder auch »im Glas«, und dahinter verbirgt sich der aus Frankreich stammende kulinarische Trend, Speisen im Glas anzurichten und zu servieren. Farbenfrohe Suppen werden in Cocktailgläsern, Meeresfrüchte im Weckglas und Desserts in Whiskeygläsern gereicht. Das Servieren im Glas bildet eine wunderbare Abwechslung zu konventionell angerichteten Tellern, denn im Glas lassen sich kontrastreiche Farben, ungewöhnliche Formen, aber auch unterschiedliche Konsistenzen viel schöner in Szene setzen. Und beim Löffeln aus dem Glas verbinden sich die zartschmelzenden, knusprigen und frischen Elemente bestens miteinander, und man genießt die Speisen so, wie es am spannendsten ist.
Doch im Glas können Sie nicht nur effektvoll präsentieren, sondern auch backen, garen und schmoren. Hierbei müssen Sie allerdings auf die Hitzbeständigkeit Ihrer Gläser achten. Grundsätzlich sind aber alle Arten von Gläsern oder ungewohnt geformten Glasgefäßen erlaubt, bedenken Sie nur, dass Sie das passende Besteck dazu reichen. Auf Farben und erst recht Ornamente im Glas selbst sollte eher verzichtet werden, da sie nur vom Inhalt ablenken.

Suppen

Suppen erleben zurzeit ein wahres Comeback als Trendgericht und werden entsprechend fantasievoll und außergewöhnlich serviert. Ob in einer Espressotasse als kleine Portion mit intensivem Geschmack oder in einem ausgehöhlten Mini-Kürbis angerichtet, Ihre Gäste werden beeindruckt sein. Oder eine sommerliche Melonen-Salsa in einer ausgehöhlten Melone – sie passt wunderbar zu Gerichten mit Fisch, Meeresfrüchten und Geflügel.
Wenn Sie »Cappuccino-Suppen« in der Tasse reichen möchten, darf hier natürlich der Schaum nicht fehlen. Durch das Aufschäumen der Suppe entfaltet sich das Aroma besonders gut. Einen schönen Effekt erzielen Sie, indem Sie die Hauben mit frischen Kräutern oder gemahlenen Gewürzen bestreuen. Spielen Sie mit der Farbe der Zutaten, schichten Sie Gemüsesuppen in verschiedenen Sämigkeitsstufen im Glas oder servieren Sie eine klare Brühe mit vielen kleinen Gemüse-Kügelchen darin.

Gefüllte Früchte

Eine weitere Art ungewöhnlicher »Gefäße« sind ausgehöhlte Früchte. Wir haben oben schon von Mini-Kürbissen und Melonen als »Suppenschüsseln« geschrieben, aber auch Äpfel, Birnen, Aprikosen oder Orangen können gefüllt werden.
Servieren Sie Ihren Gästen doch einmal ausgehöhlte, mit Ziegenfrischkäse gefüllte Birnen als Vorspeise. In Spalten geschnitten, werden sie zum Servieren auf Salat angerichtet.
Für das süße Finale bieten sich eine Apfel-Crème brûlée, die direkt im Apfel gebacken wird, oder mit Ricotta gefüllte Aprikosen an, die zum Schluss mit Zucker bestreut und goldbraun karamellisiert werden.
Ein Klassiker ist in ausgeschabten und gefrorenen Orangen- oder Zitronenhälften serviertes Parfait oder Mousse. Doch auch hier sind Ihrer Fantasie keine Grenzen gesetzt.

Kokos-Zitronengras-Suppe mit Geflügelsaté | FÜR 4 PORTIONEN

1 *Geflügelsaté*

3 Stangen Zitronengras
1 Hähnchenbrust (ca. 250 g)
40 g Ingwer
2 Chilischoten
1 EL Olivenöl
1 EL geröstetes Sesamöl

Zwei Zitronengrasstangen längs halbieren und vorn schräg anschneiden. *(Tipp: Es gibt das Zitronengras in unterschiedlichen Längen und Dicken. Beim Kauf sollte man darauf achten, dass die Stiele dick und stabil sind, um sie bei der Zubereitung halbieren zu können. Sonst einfach eine ganze Stange pro Spieß verwenden.)* Die Hähnchenbrust in vier gleiche Streifen schneiden und jeweils ein Stück wellenartig auf eine Zitronengrasstange stecken. | Das restliche Zitronengras klein schneiden und mit dem Messerrücken anschlagen. Den Ingwer schälen und grob würfeln. Die Chilischoten halbieren und die Kerne entfernen. Die Schoten ebenfalls grob hacken. | Die Spieße zusammen mit den Gewürzen, Oliven- und Sesamöl in einen Gefrierbeutel geben und über Nacht marinieren.

2 *Kokos-Zitronengras-Suppe*

400 ml Gemüsebrühe
400 ml Kokosmilch
1 Limette, unbehandelt
Honig
Salz
Pfeffer aus der Gewürzmühle

Am nächsten Tag die Spieße aus der Marinade nehmen und beiseite legen. | Die Gewürze der Marinade in einen Topf geben und darin anschwitzen. Mit Gemüsebrühe und Kokosmilch aufgießen. Mit Salz und Pfeffer würzen und 10 Minuten köcheln lassen. | Anschließend durch ein Sieb in einen Topf passieren. Mit Limettensaft, Honig und gegebenenfalls Salz und Pfeffer abschmecken.

3 *Kokoschips*

100 g frisches Kokosfleisch
Salz
Pfeffer aus der Gewürzmühle

Das Kokosfleisch mit Hilfe eines Sparschälers in dünne Streifen schneiden und diese im 100 °C heißen Backofen trocknen, bis sie goldbraun sind. Herausnehmen und abkühlen lassen. | Eine Pfanne erhitzen und die Satés darin von beiden Seiten goldbraun anbraten. Mit Salz und Pfeffer würzen. | Zum Anrichten die Suppe mit einem Pürierstab aufschäumen und in vorgewärmte Gläser füllen. Mit Kokoschips garnieren. Die Geflügelsatés neben der Suppe auf einem kleinen Teller anrichten oder an den Rand des Glases legen.

Meeresfrüchte in Vanille-Sherry-Sud mit Schnittlauchblütensticks | FÜR 4 PORTIONEN

1 *Meeresfrüchte in Vanille-Sherry-Sud*

1 Schalotte
100 ml Weißwein
100 ml trockener Sherry
200 ml Fischfond (Glas)
Salz
Pfeffer aus der Gewürzmühle
½ Vanilleschote
1 Knoblauchzehe
3 EL Olivenöl
600 g gemischte Meeresfrüchte, küchenfertig geputzt (z.B. Calamaretti, Garnelen, Miesmuscheln, Jakobsmuscheln ...)

Die Schalotte schälen, klein würfeln und zusammen mit dem Weißwein, dem Sherry und dem Fischfond einmal aufkochen. Mit Salz, Pfeffer und dem ausgekratzten Vanillemark würzen. Die Knoblauchzehe ungeschält halbieren. 2 EL Olivenöl in einer Pfanne erhitzen und die Garnelen, Jakobsmuscheln, Calamaretti und Knoblauchzehen darin anbraten. Mit Salz und Pfeffer würzen. | 1 EL Olivenöl in einem Topf erhitzen. Die Miesmuscheln zugeben und kurz anschwitzen. Mit 100 ml des vorbereiteten Suds ablöschen und bei geschlossenem Deckel 2–3 Minuten garen. Anschließend die noch geschlossenen Muscheln aussortieren. | Die vorbereiteten Meeresfrüchte in Gläser verteilen und mit dem Sherry-Vanille-Sud bedecken.

2 *Schnittlauchblütensticks*

2 Scheiben Toastbrot
1 Bund Schnittlauch
30 g Butter
2–3 bunte essbare Blütenköpfe (z.B. Astern, Ringelblumen, Kornblumen ...)
Fleur de Sel

Toastscheiben entrinden und im Toaster oder im 180 °C heißen Backofen 2–3 Minuten goldbraun backen. Herausnehmen, in Streifen schneiden und abkühlen lassen. Den Schnittlauch in feine Röllchen schneiden. | Anschließend die Brotstreifen dünn mit Butter bestreichen, mit Schnittlauch und mit den abgezupften Blütenblättern bestreuen. Mit etwas Fleur de Sel verfeinern und mit den Meeresfrüchten servieren.

Kürbisrisotto im Kürbis serviert mit gebratenem Schweinefilet | FÜR 4 PORTIONEN

1 *Gebratenes Schweinefilet*

600 g Schweinefilet
Salz
Pfeffer aus der Gewürzmühle
2 EL Olivenöl
2 Thymianzweige
2 ungeschälte Knoblauchzehen
400 ml kräftige Fleischbrühe
150 ml Schlagsahne
50 g Kürbiskerne
½ Zitrone, unbehandelt

Den Backofen auf 120 °C Ober-/Unterhitze (100 °C Umluft) vorheizen. | Das Schweinefilet rundum mit Salz und Pfeffer würzen. Das Olivenöl in einer Pfanne erhitzen und das Fleisch samt Thymian und Knoblauch von allen Seiten darin knusprig braun anbraten. | Das Fleisch im vorgeheizten Backofen auf das Backofengitter legen und etwa 20–25 Minuten garen. | Den Bratensatz in der Pfanne mit Fleischbrühe ablöschen, die Sahne zugeben und alles sämig einkochen. Den Thymian und den Knoblauch entfernen. Die Sauce mit Salz und Pfeffer abschmecken. | Zuletzt klein gehackte Kürbiskerne untermischen und die Sauce mit fein abgeriebener Zitronenschale verfeinern.

2 *Kürbisrisotto*

4 Mini-Kürbisse (z. B. Hokkaido, Carnival oder Türken-Turban …)
2 Schalotten
1 Knoblauchzehe
2 EL Olivenöl
160 g Risottoreis
100 ml Weißwein
700 ml Gemüsebrühe
30 g Butter
50 g Parmesan, frisch gerieben

Die Kürbisse waschen, jeweils im oberen Drittel einen Deckel abschneiden und die Kerne entfernen. Einen Teil des Fruchtfleisches aushöhlen und klein würfeln. | Die Schalotten und den Knoblauch ebenfalls klein würfeln. | Das Olivenöl in einem Topf erhitzen, die Schalotten, den Knoblauch und den Reis darin anschwitzen. Mit dem Weißwein ablöschen und unter Rühren verkochen lassen. | Nun nach und nach die heiße Brühe angießen und unter gelegentlichem Rühren den Reis 15 Minuten garen. Die Kürbiswürfel zugeben und das Risotto fertig garen. Die Butter und den Parmesan untermischen und alles mit Salz und Pfeffer abschmecken.

3 *Frittierte Petersilie*

4 Stiele glatte Petersilie
Pflanzenöl zum Ausbacken
Salz
Pfeffer aus der Gewürzmühle

Von der Petersilie die groben Stängel entfernen, kurz abbrausen und auf Küchenpapier gut trocknen. | Öl in einem kleinen Topf erhitzen und die Petersilie darin kurz frittieren. Herausheben und auf Küchenpapier abtropfen lassen. Leicht salzen. | Zum Anrichten das Risotto in die vorbereiteten Kürbisse füllen und auf Teller stellen. | Das Fleisch in Tranchen schneiden, neben den Kürbissen anrichten. Mit frisch gemahlenem Pfeffer würzen und zuletzt mit der Sauce beträufeln. Frittierte Petersilie als Garnitur anlegen und servieren.

Erdbeerkaltschale mit Sechuanpfeffer-Sorbet | FÜR 4 PORTIONEN

1 *Sechuanpfeffer-Sorbet*

300 g Zitronensorbet (Fertigprodukt)
1 TL Sechuanpfeffer

Das Sorbet etwa 5–10 Minuten antauen lassen. Den Sechuanpfeffer im Mörser grob zerstoßen und unter das angetaute Zitronensorbet rühren. Erneut einfrieren, bis es wieder die gewünschte feste Konsistenz hat. (Am besten am Abend zuvor.)

2 *Erdbeerchips*

4 schöne, große Erdbeeren
Puderzucker

Die Erdbeeren in feine Scheiben schneiden. Ein Backblech mit Backpapier (oder einer Silikon-Backmatte) auslegen und mit Puderzucker bestäuben. Erdbeerscheiben darauf verteilen, mit Puderzucker bestäuben und im 60 °C warmen Ofen 2–3 Stunden trocknen. Anschließend abkühlen lassen und mit einer Palette vom Backpapier heben.

3 *Karamellblätter*

125 g Zucker
25 ml Orangensaft
75 g Butter
30 g Mehl

Für die Karamellblätter Zucker, Orangensaft und Butter in einen Topf geben, einmal aufkochen und sirupartig einkochen lassen. Vom Herd nehmen, in eine Schüssel umfüllen und das Mehl unterrühren. Abkühlen lassen. | Den Backofen auf 180 °C Ober-/Unterhitze (160 °C Umluft) vorheizen. | Ein Backblech mit Backpapier auslegen. Mit einem Teelöffel kleine Portionen vom Teig abstechen und im Abstand von 10 cm auf dem Backpapier verteilen, damit der Teig gut verlaufen kann. Im vorgeheizten Backofen 5–8 Minuten backen. | Anschließend herausnehmen, kurz abkühlen lassen (so dass sie biegsam sind, aber nicht zerreißen). Mit einer Palette anheben und in kleine Schalen oder über eine Espressotasse legen, so dass ein Körbchen entsteht.

4 *Erdbeerkaltschale*

500 g reife Erdbeeren
1 Zitrone
300 ml eisgekühlter Sekt
Puderzucker nach Belieben

Erdbeeren abbrausen und auf Küchenpapier trocknen. | Anschließend putzen und klein schneiden. Zusammen mit dem Zitronensaft und dem Sekt in einem Standmixer oder mit dem Pürierstab fein mixen. Je nach Süße der Erdbeeren mit etwas Puderzucker abschmecken. Bis zum Anrichten kalt stellen. | Zum Anrichten die Kaltschale in tiefen Tellern verteilen. Jeweils eine Kugel Sorbet in ein Karamellkörbchen geben und dieses in die Kaltschale legen. Mit Erdbeerchips garnieren und sofort servieren.

ERBLÜHT

Vom Frühjahr bis in den Spätherbst bezaubern uns Blumen in der Natur. Ihre frischen Farben und ihr Duft laden dazu ein, sie ins Haus zu holen – nicht nur in die Vase, sondern auch auf den Teller. Gänseblümchen, Kapuzinerkresse und Löwenzahn sind vielen schon vertraut, doch auch andere Blumen aus dem Garten, wie Chrysanthemen, Dahlien, Rosen, Nelken und Phlox, kann man wunderbar als frische Zutat für traumhafte Salate oder zur Dekoration verwenden. Im Frühling bieten sich blaue Duftveilchen und Schlüsselblumen an, aber auch die Blüten von Kissenprimeln und Gänseblümchen. Dann folgen im Frühsommer Begonien, Rosen, Pfingstrosen, Klatschmohn, Duftnelken, Pelargonien und Stockrosen. Alle diese Blüten schmecken auch wundervoll auf sommerlichen Obstsalaten. Weiter geht es mit den würzig schmeckenden Kräuterblüten, wie Indianernessel, Lavendel, Phlox, Kapuzinerkresse und Ringelblume, gefolgt von Sonnenblumen, Astern, Dahlien und Chrysanthemen im Herbst.
Blüten verzaubern Vorspeisen, bereichern herzhafte Hauptgerichte und entfalten ihr dezentes Aroma in delikaten Desserts. Sie veredeln jedes Gericht, und Ihre Gäste werden von Anblick, Duft und Geschmack dieser fantasievollen Dekoration begeistert sein. So verleihen schon einige wenige Borretschblüten einem sommerlichen Früchteteller eine völlig neue Note, und eine Hand voll Kapuzinerkresseblüten, über einen Salat gestreut, verwandelt ihn nicht nur optisch, sondern gibt ihm auch eine andere Textur und ein anderes Aroma. Doch um sicherzugehen, dass dieser Genuss auch Genuss bleibt, beachten Sie bitte Folgendes:

1. Versuchen Sie bitte nicht, mit Blüten zu experimentieren, von denen Sie nicht eindeutig wissen, dass sie genießbar sind. 2. Es ist auch nicht auszuschließen, dass Blüten bei manchen Menschen allergische Reaktionen hervorrufen können. Entfernen Sie deshalb Pollen tragende Pflanzenteile. 3. Blumen für kulinarische Zwecke dürfen auf keinen Fall mit Pflanzenschutzmitteln behandelt sein.

Blüten sind sehr empfindlich. Damit sie nicht verwelken, ist es ratsam, die Blumen erst unmittelbar vor der Verwendung zu pflücken. Um versteckte Insekten loszuwerden, sollten Sie die ganzen Blüten absuchen bzw. kopfüber ausschütteln. Falls Sie nur die Blütenblätter verwenden möchten, sollten Sie diese erst direkt vor dem Servieren auszupfen. Ganze Blüten lassen sich in einer Schale mit Wasser oder auf einem mit Wasser getränkten Küchenpapier einige Stunden frisch halten. Am einfachsten ist es natürlich, die frischen Blüten über Salate zu streuen oder zur Dekoration zu verwenden. Doch es gibt noch viele weitere Möglichkeiten, Blüten kunstvoll in Szene zu setzen.

Verzuckerte Blüten

Das Verzuckern von Blüten erfordert vor allem Geduld, ist aber nicht so schwierig, wie es vielleicht aussehen mag. Geeignet sind fast alle essbaren Blüten, besonders aromatisch und dekorativ sind aber Veilchen, Rosen, Nelken und Magnolien. Die einfachste Methode, Blüten zu verzuckern, ist die Verwendung von Eiweiß und Zucker. Dazu die Blüten mit einem Pinsel mit Eiweiß bestreichen und mit Zucker bestreuen. Kleinere Blüten können im Ganzen verzuckert werden, bei größeren ist es oft besser, nur einzelne Blütenblätter zu verzuckern, doch lassen sich mit etwas Geduld auch die ganzen Blüten so behandeln.

Blütenbutter

Überraschen Sie zum Brunch oder auf einer Grillparty Ihre Gäste doch einmal mit dekorativer Blütenbutter, die optisch sehr reizvoll ist, gut schmeckt und sich vielseitig verwenden lässt. Pikante Mischungen mit knackigen Schnittlauchblüten, pfeffriger Kapuzinerkresse oder auch mit Kräuterblüten können Sie zu Baguette, zu gegrilltem Fleisch oder auf Crackern reichen. Auch lässt sich mit ihnen frisches Gemüse verfeinern. Süße Mischungen mit Rosenblüten oder Phlox machen aus einem Honigbrot oder einem einfachen Kuchen eine Delikatesse.

Blüteneiswürfel

Besonders reizvoll sind in Eis konservierte Blüten. Auf diese Weise verzierte Eiswürfel lassen leichte, fruchtige Sommergetränke mit oder ohne Alkohol dekorativ erblühen. Sie können aber auch als Blickfang in einer gekühlten Suppe dienen. Die Auswahl geeigneter Blüten ist groß, wie zum Beispiel alle Arten von Duftpelargonien, Zwergrosen, Borretsch, Nelken, Nachtviolen und Veilchen.

Blütensalat in Rosenhonig-Vinaigrette mit Ziegenkäsepralinen | FÜR 4 PORTIONEN

1 *Ziegenkäsepralinen*

250 g Ziegenfrischkäse
Salz, Pfeffer, Chili (alle aus der Gewürzmühle)
½ Limette
je 2 Stiele glatte Petersilie, Kerbel, Estragon
½ Bund Schnittlauch
40 g Walnusskerne

Den Ziegenfrischkäse in einer Schüssel mit Salz, Pfeffer, Chili und Limettensaft verrühren. Die Masse mit einem Espressolöffel abstechen, auf eine Platte legen und 30 Minuten ins Gefrierfach legen. | Kräuter und Walnusskerne fein hacken und mischen. Die Ziegenkäsestücke nun in der flachen Hand zu Kugeln rollen und in der Kräutermischung wälzen.

2 *Blütensalat*

12 Erdbeeren
12 Walnusshälften
150 g feine Salatblätter
50 g essbare Blütenmischung (z.B. Hornveilchen, Rosen, Astern …)
2 EL Rosenhonig-Balsamessig
1 EL Olivenöl
Fleur de Sel

Die Erdbeeren abbrausen und vierteln. Die Walnusshälften in einer Pfanne ohne Fett rösten und abkühlen lassen. | Die Salatblätter und die Blütenblätter abbrausen und auf Küchenpapier trocknen lassen. Den Rosenhonig-Balsamessig mit dem Olivenöl verrühren und mit etwas Salz würzen. Den Salat damit marinieren. | Den Salat mit den Blüten, den Walnusskernen und den Erdbeeren auf Tellern anrichten. Die Ziegenkäse-Pralinen darauf verteilen und mit etwas Fleur de Sel verfeinern.

3 Auf Vorrat: *Rosenhonig-Balsamessig*

500 ml milder Balsamico bianco
50 g ungespritzte Duftrosenblütenblätter
200 g milder Blütenhonig

Den Balsamessig in einem Topf leicht erwärmen und die Duftrosenblütenblätter hinzufügen. Den Topf von der Wärmequelle nehmen und den Honig dazugeben. Alles abgedeckt ca. 3–4 Tage ziehen lassen, dann abseihen und in dunkle, ausgekochte Flaschen abfüllen. Kühl und dunkel lagern.

Offene Blüten-Lasagne mit Dahlienschaum und gebratenen Pilzen | FÜR 4 PORTIONEN

1 *Nudelteig*

200 g Instant-Mehl (ersatzweise Weizenmehl Type 405)
2 Eier
1 EL Olivenöl
Salz

Das Mehl in eine große Knetschüssel geben und eine Mulde hineindrücken. | Die Eier, das Olivenöl und eine Prise Salz verrühren und in die Mehlmulde geben. Nun langsam alle Zutaten miteinander vermischen, dabei immer wieder Mehl vom Rand zugeben. Alles zu einem glatten, geschmeidigen Teig verkneten. Fünf Minuten kräftig kneten, in Frischhaltefolie wickeln und 2 Stunden kühl stellen. | *(Tipp: Nudelteig lässt sich am besten in der Küchenmaschine mit den Knethaken herstellen.)*

2 *Blüten-Lasagne*

6 rote essbare Dahlien
Mehl zum Ausrollen
Olivenöl

Die äußeren großen Blütenblätter der Dahlien abzupfen. | Den Nudelteig auf einer bemehlten Arbeitsfläche mit Hilfe einer Nudelmaschine dünn ausrollen. | Jeweils eine Bahn mit einigen Dahlienblütenblättern belegen, eine zweite Nudelbahn darauflegen und leicht andrücken. Nun die doppelte Nudelbahn nochmals durch die Nudelmachine drehen und auf die gewünschte Dicke bringen. So fortfahren, bis der Nudelteig aufgebraucht ist. | Die Bahnen mit runden Ausstechern (etwa 10–12 cm) zu Kreisen ausstechen oder zu Quadraten schneiden. | Die Nudelblätter in reichlich leicht gesalzenem Wasser 1 Minute garen. Herausheben, in kaltem Wasser abschrecken und mit etwas Olivenöl beträufeln, damit die Blätter nicht zusammenkleben.

3 Dahlienschaum + 4 gebratene Pilze, siehe nächste Seite

3 *Dahlienschaum*

400 ml Gemüsebrühe
200 ml Schlagsahne
Salz
Pfeffer aus der Gewürzmühle
Zucker

Die Gemüsebrühe und die Sahne zusammen aufkochen und 10 Minuten köcheln lassen. Mit Salz, Pfeffer und einer Prise Zucker abschmecken. Die Blütenblätter der restlichen Dahlien abzupfen. Einige Blätter zur Garnitur aufbewahren. Die restlichen Blütenblätter in den eingekochten Sud geben und mit Hilfe eines Pürierstabes schaumig aufmixen.

4 *Gebratene Pilze*

400 g gemischte Pilze (z.B. Champignons, Steinpilze, Pfifferlinge, Austernpilze, Shiitake ...)
2 Schalotten
30 g Butter
Salz
Pfeffer aus der Gewürzmühle

Die Pilze mit einer Bürste säubern und je nach Größe halbieren oder vierteln. | Die Schalotten schälen und klein schneiden. Die Butter in einer Pfanne erhitzen, die Pilze darin anbraten, die Schalotten zugeben, alles mit Salz und Pfeffer kräftig abschmecken. | Zum Anrichten die Nudelblätter mit den gebratenen Pilzen aufschichten. Mit den restlichen Dahlienblüten bestreuen und zuletzt mit dem Dahlienschaum vollenden. | *(Tipp: Verwenden Sie vor allem für den Dahlienschaum dunkle, rote oder violette Blüten, denn diese geben der Sauce eine tolle Farbe.)*

Gebratenes Zanderfilet auf Rosenperlgraupen | FÜR 4 PORTIONEN

1 *Rosenperlgraupen*

8 frische unbehandelte Duftrosen
2 EL Rapsöl
160 g Perlgraupen
Muskatnuss, frisch gerieben
100 ml Roséwein, trocken
700 ml Gemüsebrühe
50 g Crème fraîche
Salz
Pfeffer aus der Gewürzmühle

Die Blütenblätter von vier Rosen zupfen und gegebenenfalls den bitteren weißen Blattansatz abschneiden. | Das Rapsöl in einem Topf erhitzen und die Perlgraupen darin anschwitzen. Die Hälfte der gezupften Rosenblüten und etwas geriebene Muskatnuss unterrühren. Den Roséwein angießen und unter Rühren verkochen lassen. | Nach und nach die Gemüsebrühe zugeben, unter gelegentlichem Rühren von den Graupen aufnehmen lassen. Die Graupen sollten etwa 30 Minuten garen. Die zweite Hälfte der Blütenblätter zusammen mit der Crème fraîche unter die Graupen rühren und mit Salz und Pfeffer würzen.

2 *Gebratenes Zanderfilet*

4 Zanderfilets, mit Haut, à 160 g
Salz
Pfeffer aus der Gewürzmühle
2 EL Rapsöl
30 g Butter
je 2 Thymian- und Rosmarinzweige
2 Knoblauchzehen, halbiert

Zanderfilets mit Salz und Pfeffer würzen. Das Rapsöl und die Butter in einer Pfanne erhitzen, die Kräuter und den Knoblauch zugeben und die Filets auf der Hautseite anbraten. 2–3 Minuten braten lassen, bis die Haut knusprig und goldbraun ist. Die Filets wenden und die Pfanne vom Herd nehmen. Die Zanderfilets 2–3 Minuten ziehen lassen. | *(Tipp: Um Fischfilets auf der Haut zu braten, kann man die Pfanne auch mit Backpapier auslegen, so kleben sie nicht an.)* | Zum Anrichten die Rosenperlgraupen in tiefen Tellern verteilen, jeweils ein Zanderfilet darauflegen und mit einer frischen Rosenblüte garnieren.

Orangenblüten-Schoko-Torte | FÜR 1 TORTE (20 CM DURCHMESSER)

1 *Boden*

250 g Butter, zimmerwarm
250 g Puderzucker
7 Eier
1 Prise Salz
200 g Mehl
1 Päckchen Backpulver
50 g Kakaopulver

Den Backofen auf 180 °C Ober-/Unterhitze (160 °C Umluft) vorheizen. | Die Butter und die Hälfte des Puderzuckers in eine große Schlagschüssel geben und mit den Schneebesen des Handrührgerätes (oder in einer Küchenmaschine) mindestens 5 Minuten schaumig aufschlagen. | Die Eier trennen. Die Eigelbe nach und nach unter die Butter-Mischung schlagen. | Die Eiweiße in einer weiteren Schüssel mit einer Prise Salz steif schlagen, den restlichen Puderzucker nach und nach einrieseln lassen und alles zu einem glatten, cremig-steifen Schnee schlagen. | Das Mehl, das Backpulver und das Kakaopulver sieben. | Ein Drittel des Eischnees unter die Buttercreme rühren. Nun das gesiebte Mehl und den restlichen Eischnee mit einem Schneebesen vorsichtig unter die Masse heben. | Einen verstellbaren Tortenring auf 20 cm Durchmesser einstellen. Einen Bogen Alufolie auslegen, einen Bogen Backpapier darauflegen und den Tortenring daraufstellen. Nun die beiden Bögen von außen fest um den Tortenring schlagen, so dass er gut umschlossen ist und der Teig nicht auslaufen kann. | Die Masse in den Tortenring füllen, glatt streichen und auf die zweite Einschubleiste von unten in den vorgeheizten Backofen stellen. 40 Minuten backen, herausnehmen und im Ring abkühlen lassen.

2 *Creme*

300 ml Schlagsahne
400 g weiße Schokolade
2–3 EL Orangenblütenwasser

Für die Creme die Schlagsahne in einem Topf einmal erhitzen, nicht kochen lassen. Schokolade grob hacken, zugeben und in der heißen Sahne auflösen. Mit dem Orangenblütenwasser verfeinern. Abgedeckt über Nacht kalt stellen. | Den abgekühlten Boden quer in vier gleich dicke Böden schneiden. Die Creme mit den Schneebesen des Handrührgerätes steif schlagen. Den untersten Boden mit einem Teil der weißen Schokoladen-Creme bestreichen. Einen weiteren Boden darauflegen, erneut mit Creme bestreichen. So fortfahren, bis alle vier Böden übereinander liegen. Die Torte außen mit der restlichen Creme bestreichen, so dass der dunkle Boden nicht mehr zu sehen ist. Die Torte kalt stellen.

3 *Dekoration*

etwa 20 Bio-Gänseblümchen (oder andere weiße Bio-Blüten)
3 Stiele Minze
1 Eiweiß
50 g feinster Zucker

Zum Verzuckern der Blüten das Eiweiß mit Hilfe eines kleinen Pinsels dünn auf die Blütenblätter streichen und mit Zucker bestreuen. Überschüssigen Zucker abschütteln. Die Blüten auf Küchenpapier mindestens 2 Stunde trocknen lassen, besser über Nacht. Mit den Minzeblättern ebenso verfahren. | Die Torte mit den Blüten und Minzeblättern garnieren und gut gekühlt servieren.

Gut in Form

Es gibt Lebensmittel, die von Natur aus eine ganz charakteristische Form haben, so dass sie für die Tellerdekoration schon im »puren« Zustand nahezu perfekt sind. Hierzu zählen zum Beispiel essbare Blüten, Beerenfrüchte, Sprossen und Keimlinge, aber auch einige exotische Früchte, wie die Drachen- oder die Sternfrucht, die nur noch aufgeschnitten werden müssen. »Gut in Form« sind auch Baby-Gemüse. Dann gibt es die große Gruppe der unterschiedlichsten Gemüse und Früchte, die allein schon auf Grund ihrer Größe bearbeitet werden müssen. Diese bieten vielfältige Möglichkeiten zur Gestaltung: Es kann »geschnitzt« und »kanneliert«, geschält, geschnitten und ausgehöhlt, filetiert und auch gefüllt werden, je nach gewünschter Form für das perfekte Finish. Oftmals werden die Gemüsesorten oder Früchte als Püree zubereitet und so in einem komplett anderen Gewand präsentiert, zum Beispiel als Kartoffeltürmchen, also im Ring gebackenes Kartoffelpüree.
Sehr beeindruckend sind Gemüse-Juliennes, in dünne Streifen geschnittene Rote Bete, Möhren, Kohlrabi oder Lauch, die mit Schnittlauchhalmen zusätzlich gebündelt werden können. Sie eignen sich roh oder mariniert zur Dekoration von Salaten, Vorspeisen und kleinen Häppchen. Auch Gemüsespaghetti oder breite Streifen, die mit einem Sparschäler vom Gemüse geschnitten werden, bilden eine tolle Beilage oder Vorspeise. Gemüsebällchen, mit einem Kugelausstecher schnell gemacht, sehen wunderbar aus als Beilage in einem Gebäckkörbchen. Aber auch als Rechtecke, Rauten, Halbmonde oder Würfel machen Gemüse und Kartoffeln eine gute Figur. Sie können Melone mit einem Sparschäler in Streifen schneiden und für Desserts, aber auch für Salate anrichten. Frische Kräuter können zu kleinen Sträußchen gebündelt oder frittiert werden. Ihre Formen sind einzigartig. Schnittlauchhalme sind perfekt, wenn es schnell gehen muss: Sie können sie dekorativ auf dem Teller verteilen, um das Gericht darauf anzurichten, oder die einzelnen Halme zum Bündeln und Zusammenbinden von Röllchen, Säckchen & Co. nehmen. Eine andere formschöne und schnelle Dekoration sind Tête-de-Moine-Locken (Halbhartkäse, der in »Locken« vom Käselaib geschabt wird), die es in der süßen Variante auch aus Schokolade gibt.

Frittiertes

Um noch einmal auf das Frittieren zurückzukommen: Frittierte Glasnudeln sind als Beilage oder zur Dekoration sehr effektvoll. Ebenso Knusperhaare, also in feine Streifen geschnittener und frittierter Wan-Tan-Teig, oder Kartoffelspiralen, die auch zum Umwickeln von Meeresfrüchten, Fisch oder Fleisch vor dem Frittieren genommen werden können. Sehr form- und farbschön sind neben frittierten Kräutern auch blaue Kartoffel- und Rote-Bete-Chips.

Gebackenes

Weitere wichtige Deko-Elemente sind gebackene Körbchen zum Befüllen und Teigböden zum Schichten von Vorspeisen oder Desserts. Beide Elemente können aus Hippen-, Filo-, Mürbe- oder Blätterteig gebacken werden, die herzhafte Variante ist auch mit Parmesan und die süße mit Schokolade möglich. Das Gebäck wird in noch warmem Zustand in die gewünschte Form gebracht.

Geschmolzenes

In dieses Kapitel gehören auch die prächtigen Schokoladen-Ornamente, die, selbst hergestellt, Ihrem Dessert oder Ihrer Torte eine ganz persönliche, liebevolle Note verleihen. Dazu füllen Sie geschmolzene Schokolade in eine Spritztüte aus Backpapier, schneiden die Spitze ab und »malen« verschiedene Formen auf Backpapier. Je größer das gewählte Ornament ist, umso dicker sollte die Schokolade aufgetragen werden. Wenn es erkaltet ist, das Backpapier vorsichtig abziehen. Aber auch mit Zucker können Sie künstlerisch gestalten: Zucker in Karamell zu verwandeln, ist in der Dessertküche ein sehr häufiger Arbeitsgang. Die Tatsache, dass karamellisierter Zucker beim Erkalten erstarrt, sowie sein besonderes Aroma machen ihn so attraktiv. Er lässt sich heiß in verschiedene Formen ziehen und zu Körbchen oder einem glamourösen Zuckerkäfig verarbeiten, der über Eis oder kleine Törtchen gestülpt werden kann. Optisch sehr ansprechend sehen auch Bonbonchips oder -scherben aus, die aus fein gemahlenen Bonbons hergestellt werden. Dafür das Pulver auf einer Silikonbackmatte dünn ausstreuen und unter dem Backofengrill schmelzen lassen. Nach dem Erkalten in Stücke brechen.

Wasabi-Panna cotta mit Apfel-Vinaigrette und Parmesanchips | FÜR 4 PORTIONEN

1 *Wasabi-Panna cotta*

4 Blatt Gelatine
200 ml Schlagsahne
200 g Naturjoghurt
2 TL Wasabipaste
Salz
Zucker
1 Limette

Die Gelatine 10 Minuten in kaltem Wasser einweichen. | Die Sahne erwärmen, die gut ausgedrückte Gelatine darin auflösen. Den Joghurt und den Wasabi unterrühren und mit Salz, einer Prise Zucker und dem Saft einer halben Limette abschmecken. | Die Masse in eine etwa 5 cm hohe Form gießen und im Kühlschrank fest werden lassen.

2 *Apfel-Vinaigrette*

1 Granny Smith-Apfel
2 EL Olivenöl
Salz
Zucker

Den Apfel waschen, entkernen und das Fruchtfleisch zuerst in Streifen, anschließend in Rauten schneiden. Mit dem Saft der restlichen Limette, dem Olivenöl, Salz und etwas Zucker zu einer Vinaigrette verrühren.

3 *Parmesanchips*

100 g Parmesan
200 g feine Blattsalate
einige essbare Blüten (z.B. Hornveilchen, Schnittlauchblüten oder Tagetes)

Den Parmesan fein reiben und vier Streifen (5 × 15 cm lang) auf ein mit Backpapier ausgelegtes Backblech streuen. Im vorgeheizten Backofen bei eingeschaltetem Grill (oder nur 200 °C Oberhitze) unter Aufsicht schmelzen lassen. Herausnehmen, noch warm jeweils zu einem Ring formen und auf die Seite legen, so dass der Ring nicht aufgehen kann. Abkühlen lassen. | Die Salatblätter mit einem Teil der Vinaigrette marinieren und in den Parmesanringen auf Tellern anrichten. Die Blüten dekorativ im Salat und auf den Tellern verteilen. | Die Panna cotta mit Hilfe von Metallringen ausstechen und neben den Parmesanringen anrichten. | Mit der restlichen Apfel-Vinaigrette beträufeln.

Knusprige Heilbuttbällchen auf Paprikasalsa mit Safranschaum | FÜR 4 PORTIONEN

1 *Heilbuttbällchen*

400 g Heilbuttfilet, ohne Haut
1 Bund gemischter Kräuter (z.B. Petersilie, Kerbel, Schnittlauch, Estragon …)
Salz
Pfeffer aus der Gewürzmühle
½ Zitrone
Pflanzenöl zum Ausbacken
4 Strudelblätter (Kühlregal)

Das Heilbuttfilet in zwölf gleich große Würfel schneiden. Die Kräuter abbrausen, die Blätter von den Stielen zupfen und klein hacken. Die Fischwürfel mit Salz, Pfeffer und Zitronensaft würzen und in den Kräutern wenden. | Das Pflanzenöl in einem hohen Topf auf etwa 160 °C erhitzen. | Die Strudelblätter übereinander legen, aufrollen und in dünne Streifen schneiden. Die Streifen auflockern. Jeweils eine kleine Portion Teigstreifen aufnehmen und einen Fischwürfel darin einwickeln. | So fortfahren, bis alle Heilbutt-Würfel eingewickelt sind. Die Fischbällchen nun nach und nach im heißen Fett goldgelb und knusprig ausbacken. Mit einer Schaumkelle herausheben und auf Küchenpapier abtropfen lassen. Mit etwas Salz würzen.

2 *Paprikasalsa*

je 1 Paprikaschote rot, gelb, grün
1 Zwiebel
2 EL Olivenöl
1 TL Honig
1–2 EL Weißweinessig
Salz
Pfeffer aus der Gewürzmühle

Die Paprikaschoten waschen, vierteln, entkernen und mit einem Sparschäler die Haut dünn abschälen. Die Viertel in Rauten schneiden. Die Zwiebel schälen und klein würfeln. | Das Olivenöl in einer Pfanne erhitzen und die Zwiebel und die Paprika darin anschwitzen. Den Honig zugeben, mit dem Weißweinessig ablöschen und mit Salz und Pfeffer würzen. 2–3 Minuten schmoren lassen.

3 *Safranschaum*

150 ml Milch
0,1 g Safranfäden
2 Beete Shiso-Kresse (ersatzweise 1 Beet Gartenkresse)

Für den Safranschaum die Milch mit dem Safran zusammen aufkochen und 10 Minuten ziehen lassen. | Mit Salz und Pfeffer würzen. Kurz vor dem Servieren nochmals aufkochen, 5 Minuten abkühlen lassen und anschließend mit Hilfe eines Milchaufschäumers schaumig aufmixen. | Zum Anrichten die Paprikasalsa auf Tellern verteilen. Jeweils drei Heilbutt-Bällchen darauflegen. Den Safranschaum außen herum verteilen. Zuletzt mit der Kresse bestreuen.

Roulade von der Hähnchenbrust, gebratene Polenta und Rote Bete | FÜR 4 PORTIONEN

1 *Roulade von der Hähnchenbrust*

4 Hähnchenbrustfilets
Pfeffer aus der Gewürzmühle
Muskatnuss
1 Bio-Zitrone
4 Scheiben Parmaschinken
3 Stiele Thymian
2 EL Olivenöl

Den Backofen auf 120 °C Ober-/Unterhitze (100 °C Umluft) vorheizen. | Die Hähnchenbrüste quer aufschneiden, dabei nicht durchtrennen und wie einen Schmetterling aufklappen. | *(Tipp: Dies nennt man Schmetterlingsschnitt. Damit kann die Fleischoberfläche vergrößert werden, wenn plattieren/flach klopfen nicht ausreicht, um die entsprechende Größe und Dicke des Fleisches zu erreichen.)* | Das Fleisch mit Pfeffer, gemahlener Muskatnuss und fein abgeriebener Zitronenschale bestreuen. Mit Parmaschinken und Thymianblättern belegen und aufrollen. Mit Zahnstochern fixieren. | Die Rouladen von außen ebenso würzen und im heißen Olivenöl von allen Seiten anbraten. | Im vorgeheizten Backofen auf das Backofengitter legen und etwa 15–18 Minuten garen.

2 *Gebratene Polenta*

500 ml Gemüsebrühe
50 g Polentagrieß
Salz
Pfeffer aus der Gewürzmühle
50 g Butter
etwas Mehl
2–3 EL Rapsöl

Die Gemüsebrühe aufkochen, den Polentagrieß einrühren und einmal aufwallen lassen. Kräftig mit Salz und Pfeffer abschmecken. Bei milder Hitze die Polenta ausquellen lassen. (Bitte beachten Sie die Zubereitungshinweise auf der Packung.) | Zuletzt die Butter unterrühren, die Polenta in eine Auflaufform verteilen, glatt streichen und erkalten lassen. | Anschließend stürzen, die Ränder begradigen und in 4 Würfel schneiden. Diese in Mehl wenden, übriges Mehl abklopfen und die Würfel im heißen Rapsöl goldbraun und knusprig braten.

3 *Rote Bete*

8 Rote-Bete-Kugeln (vakuumgegart)
2 Schalotten
1 EL Zucker
200 ml Rotwein
100 ml Geflügelfond
Salz
Pfeffer aus der Gewürzmühle
Thymianzweige zur Garnitur

Die Rote Bete in dünne Scheiben schneiden. Die Schalotten schälen und klein würfeln. | Den Zucker in einer Pfanne karamellisieren, die Schalotten zugeben. Mit dem Rotwein und dem Geflügelfond ablöschen und 2–3 Minuten köcheln lassen. Mit Salz und Pfeffer würzen und die Rote-Bete-Scheiben darin erwärmen. Den Sud nochmals etwas einkochen lassen, bis er eine sämige Konsistenz bekommt. | Die Rote-Bete-Scheiben in der Mitte des Tellers leicht überlappend anrichten. Je einen gebratenen Polenta-Würfel daraufsetzen. Die Rouladen schräg halbieren und auf der Polenta anrichten. Mit dem restlichen Rote-Bete-Sud beträufeln und mit etwas frischem Thymian garnieren.

Karamell-Blutorangen | FÜR 4 PORTIONEN

1 *Orangencreme*

4 Blutorangen
(ersatzweise kleine Saftorangen)
4 Blatt Gelatine
50 g Zucker
1 Prise Salz
200 ml Schlagsahne

Vier Blutorangen halbieren und vorsichtig ausdrücken, so dass die Schalen nicht beschädigt werden. | Das restliche innere Fruchtfleisch der Blutorangen auskratzen und die leeren Schalen aufbewahren. | Die Gelatine 10 Minuten in kaltem Wasser einweichen. | Den Blutorangensaft mit dem Zucker und einer Prise Salz zusammen aufkochen und bei milder Hitze auf 200 ml einkochen lassen. Die Gelatine gut ausdrücken und im heißen Blutorangensaft auflösen. Im Kühlschrank abkühlen lassen. | Die Sahne steif schlagen. Sobald der Blutorangensaft zu gelieren beginnt, die steif geschlagene Sahne unterheben und in die vorbereiteten Orangenhälften füllen. Im Kühlschrank zwei Stunden fest werden lassen.

2 *Orangenfilets*

2 Blutorangen
100 ml Rotwein
1 EL Zucker
1 TL Speisestärke

Die zwei Blutorangen filetieren. Dafür die Schale abschneiden, so dass die gesamte weiße Haut entfernt ist. Nun die Filets mit einem V-Schnitt zwischen den Trennwänden herausschneiden. | Den abtropfenden Saft auffangen und die Fruchtfleischreste ebenfalls auspressen. | Den aufgefangenen Saft und den Rotwein mit 1 EL Zucker aufkochen und mit der in etwas kaltem Wasser angerührten Speisestärke abbinden. Kurz aufkochen und die Orangenfilets untermischen. Abkühlen lassen.

3 Karamell, siehe nächste Seite

3 *Karamell*

350 g Zucker
125 ml Wasser
35 g Glukosesirup

Den Zucker und das Wasser in einen Topf geben und ohne Rühren aufkochen. Bei mittlerer Hitze 10 Minuten köcheln lassen, ohne dass der Zucker braun wird. Nach etwa 10 Minuten eine Gabel durch den Zuckersirup ziehen und durch die Zinken pusten. Wenn sich hinter den Zinken Blasen bilden, hat der Sirup die richtige Konsistenz zum Weiterverarbeiten. Falls nicht, so lange weiterkochen lassen, bis sich die Blasen zeigen. Anschließend die Glukose zugeben und nun so lange köcheln lassen, bis er eine goldbraune Farbe hat. Während des gesamten Vorgangs nicht im Zuckersirup rühren, da sonst das Karamell trüb wird. | Wenn die gewünschte Farbe entstanden ist, den Topf sofort vom Herd nehmen und einige Minuten abkühlen lassen. | Mit einer Gabel durch den Karamell ziehen und die Gabel leicht hin und her bewegen. Sobald der Karamell in einem dünnen Faden von der Gabel fällt, kann mit den Karamellkörbchen begonnen werden. Das Abkühlen des Karamells dauert eine Weile und muss ständig beobachtet werden. Ist die richtige Temperatur erreicht, muss schnell gearbeitet werden. | Eine Suppenkelle in Größe der Orangenhälfte mit Rapsöl dünn einstreichen. Den Arbeitsplatz mit Backpapier auslegen. Die Kelle mit der Wölbung nach oben halten, die Gabel durch den Karamell ziehen und über der Kelle schnell hin und her bewegen, so dass auf der Wölbung ein dünnes Karamellnetz entsteht. Dabei die Richtung der Gabel immer wieder ändern, so verstärkt sich das Netz und es hält später gut zusammen. | Das Karamellnetz kurz auf der Kelle abkühlen lassen, mit der hohlen Handfläche vorsichtig anheben und beiseite legen. So fortfahren, bis 8 Körbchen entstanden sind. | Die Kelle zwischendurch wieder reinigen und neu einfetten, da sonst das Karamell ankleben könnte. | Die Körbchen lassen sich in einer Vorratsdose, gut verschlossen, im Gefrierfach aufbewahren. | Zum Anrichten jeweils zwei Blutorangen-Hälften auf einen Teller geben. Mit den Karamellkörbchen bedecken, so das wieder die ursprüngliche Form der Orange entsteht. Mit den Blutorangen-Filets und der Sauce vollenden. | *(Tipp: Glukosesirup macht den Zuckerkaramell stabiler, Sie erhalten ihn in der Apotheke oder über das Internet.)*

Gerollt und eingewickelt ist hier das Thema. Wir haben in Pergament und Reisblätter eingewickelt, Fischfilets aufgerollt, Biskuit und Strudelblätter gefüllt und eingerollt, und am Ende fällt keines der Gerichte aus der Rolle.

Galantinen

Hinter diesem Gericht aus der klassischen französischen Küche verbirgt sich eine in Brühe gekochte Rollpastete, die früher die Krönung jeder festlichen Tafel war. Meist verwendet man hierzu entbeintes Geflügel oder auch Kalbfleisch, in welches man eine Tasche schneidet. Es wird mit einer Farce der gleichen Tierart und weiteren Zutaten gefüllt, zusammengerollt, fest in ein Tuch gewickelt und in kräftiger Brühe langsam pochiert. Nach dem Abkühlen wird die Galantine mit Gelee oder einer Chaudfroidsauce überzogen und kalt serviert. Aufwendig, aber ein optisches und kulinarisches Highlight!
Doch es gibt auch eine einfachere und modernere Version. Hierfür plattierte Hähnchenbrüste leicht überlappend auf einem Stück Frischhaltefolie auslegen, salzen und pfeffern. Eine Hühnerfarce gleichmäßig darauf verstreichen und diese zum Beispiel mit grünem Spargel belegen. Das Fleisch zu einer Roulade formen und in Alufolie wickeln. Die Roulade im Ofen garen, danach aus der Folie lösen und in Scheiben geschnitten warm oder kalt servieren.

»En papillote«

Das Garen »en papillote« kommt aus Frankreich und ist eine einfache, überaus schonende und schmackhafte Methode, Nahrungsmittel zuzubereiten. Man wickelt die Zutaten in Backpapier und verschließt es – so können Fisch, Fleisch, Gemüse oder Obst im eigenen Saft dünsten, wodurch Aroma,

Geschmack und gesunde Inhaltsstoffe erhalten bleiben. Verteilen Sie die Zutaten auf große Bögen Back- oder Pergamentpapier. Die einzelnen Papierbögen nach oben hin zusammenschlagen und mit Küchengarn oder Büroklammern fest verschließen. Wichtig ist, dass keine Löcher oder Öffnungen mehr vorhanden sind. Die Päckchen werden dann nebeneinander auf ein Backblech gesetzt und gebacken. Die Päckchen aus dem Ofen nehmen, auf Teller setzen und servieren. Beim Öffnen der Päckchen duftet die Füllung herrlich aromatisch.

Kleine Leckereien

Sicher kennen Sie so kleine Leckereien wie »Pflaumen im Speckmantel«. Doch auch Datteln, Birnenspalten oder gekochte kleine Kartoffeln lassen sich auf diese Weise zubereiten. Zum Fixieren der Speckscheibe nehmen Sie am besten Zahnstocher und garen sie anschließend in der Pfanne oder im Ofen.

Für Blätterteigschnecken bestreichen Sie rechteckige Blätterteigplatten mit Tapenade, Tomaten-Pesto, Käse, Honigsenf oder süßer Marmelade und rollen die Seiten auf. Die Schnecken 15 Minuten einfrieren. Dann 5 mm dicke Scheiben abschneiden und bei 200 °C im Ofen knusprig backen. Das Ergebnis erinnert optisch an Schnecken oder auch an Schweineöhrchen.

Oder Sie servieren Crêpe-Röllchen mit unterschiedlichen Füllungen und vielleicht auch in unterschiedlichen Farben. Dazu jeweils 2 Crêpes etwas überlappend auf einem ca. 30 cm langen Streifen Frischhaltefolie auslegen, nach Wunsch bestreichen und belegen, dann aufrollen und in die Folie wickeln, dabei die Enden fest zusammendrehen. Bis zum Anrichten kühl stellen, dann die Folie entfernen und in 2 cm dicke Scheiben schneiden. Wenn Sie die Crêperollen für 20 Minuten in das Tiefkühlfach legen, behalten sie beim Schneiden ihre Form besser. Ihre Gäste werden auch über süßes Sushi staunen, das mit Kokosreis und frischen Früchten gefüllt wird. Anstelle der Noriblätter nehmen Sie dann dünne Schokocrêpes.

Beilagen machen in gewickelter Form auch eine gute Figur. Dafür rollen Sie beispielsweise angebratene Rehrückenfilets oder Lammlachse in blanchierte Wirsingblätter und legen die Päckchen nebeneinander auf ein Backblech, beträufeln sie mit flüssiger Butter und würzen mit Salz und Pfeffer. Die Päckchen im Ofen fertig garen und zum Servieren halbieren.

Perfekt gestylt sehen auch Nudelwickel aus. Ob als eigenständiges Gericht oder als Beilage – am besten gelingen sie mit Spaghetti oder dünnen Bandnudeln, die Sie mit einer großen Fleischgabel in Form bringen. Dafür einige Nudeln auf die Gabel heben, langsam aufdrehen, so dass sich die Nudeln gleichmäßig um die Zinken legen.

Reisrollen mit Rucola, Gurke, Rinderfilet und Ahorn-Sojasauce | FÜR 4 PORTIONEN

1 *Reisrollen*

6 Reisblätter
250 g Rinderfilet (wahlweise Rindersteak)
2 EL Olivenöl
2 EL Sojasauce
Salz
Pfeffer aus der Gewürzmühle
1 Salatgurke
1 Stange Lauch
150 g Rucola

Die Reisblätter einzeln zwischen feuchte Küchentücher legen und 3 Minuten einweichen. | Das Rindfleisch in lange, dünne Streifen schneiden und in einer Pfanne im heißen Olivenöl von jeder Seite kurz und scharf anbraten. Mit Sojasauce ablöschen und mit Salz und Pfeffer würzen. | Die Gurke und den Lauch waschen, putzen und längs in 15 cm lange Streifen schneiden. | Den Rucola putzen, waschen und gut trocken schleudern. | Ein Reisblatt halbieren und von der Rundung aus zur Längsseite hin einschlagen, so dass ein etwa 5 cm breiter Streifen entsteht. Einige Blätter Rucola, den Lauch, die Gurkenstreifen und das Fleisch mittig auf das eingeschlagene Reisblatt legen und aufrollen, so dass das Gemüse und das Fleisch an den Seiten herausschauen. Die Rolle nun in der Mitte des Reisblattes halbieren und so auf eine Platte stellen, dass das Reisblatt die Zutaten wie einen Strauß zusammenhält. | So fortfahren, bis alle Reisblätter gefüllt sind.

2 *Ahorn-Sojasauce*

50 ml Ahornsirup
20 ml Sesamöl
50 ml milde Sojasauce
1 TL heller Sesam
1 TL dunkler Sesam
1 kleine Chilischote
Salz
Pfeffer aus der Gewürzmühle

Den Ahornsirup, das Sesamöl, die Sojasauce und den Sesam in einer Schüssel verrühren. Die Chilischote klein schneiden und je nach gewünschter Schärfe zugeben. Mit Salz und Pfeffer würzen. | Zum Anrichten jeweils drei Reisrollen auf eine Platte geben, den Dip in kleinen Schälchen dazu servieren.

Seezungenröllchen auf Kokos-Curry-Spinat und Orangensauce | FÜR 4 PORTIONEN

1 *Orangensauce und Seezungenröllchen*

- 2 Orangen, unbehandelt
- 2 EL Zucker
- 300 ml Fischfond (Glas)
- 2 Kaffir-Limettenblätter
- 8 Seezungenfilets, ohne Haut

Die Orangen einmal kalt und heiß abspülen und abtrocknen. Die Schale einer Orange mit dem Sparschäler dünn abschälen und in feine Streifen schneiden. Beide Orangen halbieren und den Saft auspressen. | Den Zucker in einem Dämpftopf karamellisieren, die Schalenstreifen zugeben und mit dem Orangensaft und dem Fischfond ablöschen. Die Limettenblätter zugeben.| Die Seezungenfilets mit der ursprünglichen Hautseite nach oben einrollen und mit einem Zahnstocher fixieren. Die Röllchen in einen Siebeinsatz legen und in den Dämpftopf stellen. Bei geschlossenem Deckel und milder Hitze etwa 10–12 Minuten garen. | Anschließend die Röllchen mit Salz und Pfeffer würzen, herausnehmen und warm stellen. Den Sud sämig einkochen lassen. Mit Salz und Pfeffer würzen.

2 *Kokos-Curry-Spinat*

- 2 Schalotten
- 1 Knoblauchzehe
- 2 EL Olivenöl
- 1 TL Currypulver
- 200 ml Kokosmilch
- Salz
- Pfeffer aus der Gewürzmühle
- 1 Limette
- 400 g junger Spinat

Die Schalotten und den Knoblauch schälen und klein würfeln. Das Olivenöl in einer Pfanne erhitzen. Die Schalotten und den Knoblauch darin anschwitzen. Das Currypulver zugeben, kurz anrösten und mit der Kokosmilch aufgießen. | Den Sud mit Salz, Pfeffer und etwas Limettensaft abschmecken und etwa 3 Minuten leise köcheln lassen. Zuletzt den Spinat zugeben und nur kurz darin schwenken. | Zum Anrichten den Spinat auf Tellern verteilen, zwei Seezungenröllchen darauflegen und mit der Orangensauce vollenden.

Dorade im Pergament gegart mit Ratatouille-Strudel | FÜR 4 PORTIONEN

1 *Dorade*

4 Doraden, à ca. 600 g, küchenfertig
2 Zitronen
Salz
Pfeffer aus der Gewürzmühle
4 Lorbeerblätter
je 4 Zweige Rosmarin und Thymian
4 EL Olivenöl

Den Backofen auf 160 °C vorheizen. | Die Doraden innen und außen gut waschen und die Flossen abschneiden. | Den Bauchraum mit etwas Salz und Pfeffer würzen, mit jeweils zwei Scheiben Zitrone und je einem Lorbeerblatt, Thymian- und Rosmarinzweig füllen. Pergamentbögen auslegen, mit Olivenöl einstreichen und die Doraden jeweils einzeln in ein Pergament einwickeln. | Im 160 °C heißen Ofen 30 Minuten garen. Anschließend weitere 5 Minuten im ausgeschalteten Ofen ruhen lassen.

2 *Ratatouille*

1 Knoblauchzehe
2 Zwiebeln
je 1 rote und gelbe Paprikaschote
1 Zucchini
1 Aubergine
3 EL Olivenöl
Salz
Pfeffer aus der Gewürzmühle
1 Zweig Rosmarin
2 TL Tomatenmark
50 ml Weißwein
1 TL Zucker

Den Knoblauch und die Zwiebeln schälen und klein würfeln. Das Gemüse waschen. Die Paprikaschoten halbieren, entkernen und klein würfeln. Die Zucchini und die Aubergine längs in Scheiben schneiden und anschließend würfeln. Das Olivenöl in einem großen Topf erhitzen und das vorbereitete Gemüse zugeben. Auf höchster Stufe anbraten. Mit Salz und Pfeffer würzen und einige Rosmarinnadeln zugeben. | Das Tomatenmark mit dem Weißwein und dem Zucker verrühren und zugeben. Unter Rühren das Tomatenmark mit dem Gemüse weiter rösten, bis die Flüssigkeit verkocht ist und das Gemüse weich ist.

3 *Strudel*

4 Blätter Strudelteig (Kühlregal)
50 g flüssige Butter
1 Eigelb
Olivenöl zum Beträufeln
Fleur de Sel
Pfeffer aus der Gewürzmühle

Den Backofen auf 180 °C Ober-/Unterhitze (160 °C Umluft) vorheizen. Ein Strudelblatt dünn mit flüssiger Butter bestreichen, ein zweites Strudelblatt darauflegen. Die Hälfte des Ratatouille am unteren Rand verteilen, aufrollen, dabei die Seiten einschlagen. | Einen zweiten Strudel wie beschrieben rollen. | Auf ein mit Backpapier ausgelegtes Backblech geben. Auf der Oberfläche mit Eigelb einstreichen und im vorgeheizten Backofen 25–30 Minuten backen. | Zum Anrichten die Doraden auf ovalen Platten anrichten, dabei das Pergament etwas öffnen. Die Strudel in Stücke schneiden und daneben anrichten. Mit etwas Olivenöl beträufeln und mit Fleur de Sel und frisch gemahlenem Pfeffer vollenden.

Süße Granatapfel-Roulade mit Ricotta, Pistazien und Datteln | FÜR 4 PORTIONEN

1 *Biskuitteig*

- 4 Eier
- 75 g Zucker
- 1 Prise Salz
- 70 g Mehl
- 30 g Speisestärke
- 1 TL Backpulver
- 35 g flüssige Butter
- Puderzucker zum Bestäuben

Den Ofen auf 180 °C Ober-/Unterhitze (160 °C Umluft) vorheizen. | Die Eier, den Zucker und eine Prise Salz in einer großen Schlagschüssel mindestens 5 Minuten schaumig aufschlagen. | Das Mehl, die Speisestärke und das Backpulver sieben und unter den Eier-Schaum heben. Die Butter unter die Masse ziehen. | Ein Backblech mit Backpapier auslegen und die Biskuitmasse daraufstreichen. Im vorgeheizten Backofen 10–12 Minuten backen. | Aus dem Ofen nehmen und sofort auf ein mit Puderzucker bestäubtes Küchentuch stürzen, so dass das Backpapier oben ist.

2 *Füllung*

- 3 Blatt weiße Gelatine
- 150 g Datteln, entkernt
- ½ Bund Minze
- 50 g Pistazien
- ½ Granatapfel
- 600 g Ricotta
- 1 Bio-Zitrone
- 50 ml Milch

Die Gelatine 10 Minuten in kaltem Wasser einweichen. | Die Datteln, die Minze und die Pistazien klein hacken. Die Schale des Granatapfels dünn einschneiden, den Apfel auseinander brechen und die Kerne herauslösen. | Den Ricotta in einer Schüssel mit den restlichen Zutaten mischen und mit fein abgeriebener Zitronenschale und dem ausgepressten Saft vermischen. | Die Milch erwärmen und die gut ausgedrückte Gelatine darin auflösen und unter die Ricottamasse rühren. | Das Backpapier vom Biskuit entfernen, die Ricotta-Masse darauf verteilen und glatt streichen. Aufrollen und in Frischhaltefolie wickeln. Etwa eine Stunde kalt stellen.

3 Fruchtsaucen + 4 Dekoration, siehe nächste Seite

3 *Fruchtsaucen*

200 g Himbeeren
200 g Aprikosen
100 g Puderzucker
½ Zitrone

Die Himbeeren mit der Hälfte des Puderzuckers fein pürieren und durch ein Sieb streichen. | Die Aprikosen entkernen, klein schneiden und mit dem restlichen Puderzucker fein pürieren. Mit Zitronensaft verfeinern und durch ein Sieb streichen.

4 *Dekoration*

100 g Zartbitterschokolade
Granatapfel-Kerne und Pistazien zum Garnieren

Die Schokolade grob hacken und in eine Schüssel geben. Über einem heißen Wasserbad schmelzen. | Eine Spritztüte falten und die Schokolade einfüllen, eine dünne Spitze abschneiden und mit der Schokolade ein Muster auf die Teller zeichnen. Mit den beiden Fruchtsaucen verfeinern. | Zum Anrichten die Roulade aus der Folie wickeln und in Scheiben schneiden. Auf den vorbereiteten Tellern anrichten. Mit einigen Granatapfel-Kernen und gehackten Pistazien bestreuen.

HOCHGESTAPELT

Egal ob als Vorspeise, Hauptspeise oder Dessert, mit der kulinarischen »Hochstapelei« sorgen Sie garantiert für bleibenden Eindruck bei Ihren Gästen. Und die Möglichkeiten sind nahezu unbegrenzt, denn fast alles lässt sich stapeln und schichten, selbst Suppen im Glas in unterschiedlichen Sämigkeitsstufen.

Salate

Beginnen wir also mit einer ganz klassischen italienischen Vorspeise, dem »Insalata Caprese«. Die Hauptzutaten sind aromatische Tomaten und Büffel-Mozzarella, frisches Basilikum und natives Olivenöl extra, alles in Fächerform angerichtet und vor allem im Sommer sehr gern gegessen. Servieren Sie ihn Ihren Gästen doch einmal in der »gestapelten« Variante als Caprese-Türmchen: Streichen Sie mit einem breiten Pinsel etwas cremigen Balsamico auf den Teller. Stapeln Sie nun Tomaten- und Mozzarellascheiben im Wechsel übereinander und legen jeweils einige Blätter Basilikum dazwischen. Mischen Sie etwas Vinaigrette mit Pesto und träufeln die Sauce dezent um die Tomaten-Mozzarella-Türmchen und garnieren den Teller mit frittiertem Basilikum. Sie können als »Zwischeneinleger« auch knusprig geröstete Crostini-Chips nehmen.
Auf diese Weise lassen sich die unterschiedlichsten Salate anrichten, wie Caesars Salad mit Parmesanwaffeln, aber auch Sandwiches zum Beispiel mit Rucola, Parmaschinken und Melone oder

mit Birne, Gorgonzola und Radicchio. Stapeln Sie Brot-Türmchen mit unterschiedlichen Belägen oder Lachs-Crêpes, die Sie dann in Würfel schneiden und mit einem Spieß versehen als Fingerfood anbieten.

Kleine Helfer

Als Hilfsmittel bei der »Hochstapelei« leisten Spieße und Stäbchen für die Stabilität gute Dienste, zum Anrichten direkt eignen sich auch breitere Metallringe. Für Kartoffeltörtchen mit Lachs-Tatar beispielsweise füllen Sie die Kartoffelmasse in Metallringe und drücken sie an. Dann den Lachs-Tatar gleichmäßig darauf verteilen und die Metallringe mit einer Küchenpalette anheben und mittig auf kleinen Tellern platzieren. Zum Schluss ziehen Sie die Ringe vorsichtig ab und dekorieren die Kartoffeltörtchen nach Wunsch.
Wenn Sie nach einer raffinierten Art suchen, Kartoffelpüree anzurichten, hier ist sie: Fetten Sie die Innenseite von Metallringen mit zerlassener Butter ein, legen Sie die Ringe auf ein Backblech mit Papier und füllen Sie das Kartoffelpüree hinein. Streichen Sie die Oberfläche glatt und backen Sie das Püree bei 180 °C ca. 20 Minuten goldbraun. Das Türmchen mit einer Palette auf einen Teller setzen, den Ring vorsichtig entfernen und servieren.

Im Glas

Sehr einfach ist auch das Stapeln oder Schichten in Gläsern. Ob heiß, ob kalt, flüssig oder fest, fast alles lässt sich in Gläser füllen, schichten und stapeln. Schicht für Schicht entstehen so kleine Kunstwerke, die im Glas sichtbar bleiben. Hier kann man wunderbar mit unterschiedlichen Farben, Formen und Konsistenzen spielen. Probieren Sie Thunfisch-Gurken-Tatar mit Parmesancrackern und schichten Sie dafür Gurken- und Thunfischtatar im Wechsel mit Parmesancrackern in Gläser – lecker! Oder versuchen Sie Heidelbeer-Crumble mit Vanillecreme und Streuseln. Bei leichten Cremes die Früchte immer zuerst auf die Streuselschicht legen, das verhindert das Einsinken der Beeren in die Creme. Wenn Sie Mousses oder Cremes in Gläsern schichten möchten, empfehlen wir Ihnen, die Gläser nach jeder Schicht zum Festwerden in den Tiefkühler zu stellen. So härten die Schichten schneller aus.
Desserts können aber auch auf Tellern bestens gestapelt werden: Servieren Sie Frucht- oder Schokoladenmousse oder Eiscreme zwischen Schoko-Nuss-Blättern, Mürbeteigkreisen, gebackenen Wan-Tan-Segeln, dünnen getrockneten Fruchtscheiben … und garnieren Sie das Ganze mit feinen Fruchtsaucen.

Clubsandwich deluxe | FÜR 4 PORTIONEN

1 *Mayonnaise*

50 g Pinienkerne
1 Bio-Zitrone
2 Eigelb
1 TL Senf
200 ml Rapsöl
Salz
Pfeffer aus der Gewürzmühle
½ Bund Schnittlauch

Die Pinienkerne in einer Pfanne ohne Fett rösten, abkühlen lassen und klein hacken. Die Zitrone kalt und heiß abspülen, trocknen und die Schale fein abreiben. | Die Eigelbe, den Senf und einen Spritzer Zitronensaft in einer Schüssel verrühren. Das Rapsöl zunächst tröpfchenweise zugeben und unterschlagen. Die zweite Hälfte des Öls in einem dünnen Strahl unter ständigem Schlagen einlaufen lassen und alles zu einer cremigen Mayonnaise aufschlagen. Mit Salz und Pfeffer würzen. | Den Schnittlauch in feine Röllchen schneiden und zusammen mit den Pinienkernen und der Zitronenschale untermischen. Bis zum Anrichten kalt stellen.

2 *Sandwich*

4 Scheiben Tramezzini (italienisches Weißbrot ohne Rinde, etwa 10 x 20 cm)
40 g Butter
2 Hähnchenbrüste
2 EL Olivenöl
Salz
Pfeffer
100 g Rucola
2 reife Mangos (z.B. Flugmango)
50 g Parmesan
8 hauchdünne Scheiben Parmaschinken

Jede Scheibe Tramezzini in sechs Streifen schneiden, dünn mit Butter bestreichen und in einer Pfanne von beiden Seiten goldbraun anrösten. Herausnehmen und auf der Arbeitsfläche auslegen. | *(Tipp: Die Scheiben beim Rösten mit Backpapier belegen und mit einer zweiten Pfanne beschweren, dann biegen sie sich nicht.)* | Die Hähnchenbrüste in dünne Scheiben schneiden und in der Pfanne mit etwas Olivenöl von beiden Seiten goldbraun anbraten. Mit Salz und Pfeffer würzen. | Den Rucola putzen, waschen und trocken schleudern. | Die Mangos schälen und in dünnen Scheiben vom Kern schneiden. Den Parmesan mit einem Sparschäler in feine Spalten hobeln. | Zum Anrichten acht Tramezzini-Streifen auslegen und jeweils mit etwas Zitronenmayonnaise bestreichen. Die Hälfte von Rucola, Hähnchenbrust, Mango und einige Parmesanhobel daraufgeben. Mit Mayonnaise beträufeln. Jeweils eine weitere Scheibe Brot darauflegen und mit dem restlichen Rucola und dem Parmaschinken belegen. Die Mayonnaise daraufgeben und jeweils mit der letzten Scheibe Brot abdecken. | Die Sandwiches auf kleinen Tellern anrichten. Zum einfachen Servieren das Brot mit kleinen Spießen fixieren.

Kürbispüree mit karamellisiertem Birnentatar und Gorgonzola | FÜR 4 PORTIONEN

1 *Kürbispüree*

1 kleiner Hokkaido-Kürbis (ca. 600 g)
50 g Butter
1 TL Zucker
150 ml Gemüsebrühe
1 kleine Chilischote
Salz
Pfeffer aus der Gewürzmühle
Muskatnuss

Den Kürbis waschen, halbieren und die Kerne entfernen. Das Fruchtfleisch ungeschält in grobe Würfel schneiden und in einem Topf in der heißen Butter anschwitzen. Den Zucker zugeben, leicht karamellisieren lassen. Die Gemüsebrühe angießen, die halbierte Chilischote zufügen und bei geschlossenem Deckel 15–20 Minuten weich garen. | Die Chilischote nach Belieben entfernen. Das Kürbisfleisch samt der Brühe fein pürieren. In den Topf zurückgeben, unter Rühren erhitzen und mit Salz, Pfeffer und etwas frisch geriebener Muskatnuss abschmecken.

2 *Birnentatar*

2 Birnen
½ Zitrone
1 EL Zucker
1 Sternanis
1 Zimtstange
2 EL Weißweinessig
Salz
Pfeffer aus der Gewürzmühle
2 EL Rapsöl

Die Birnen waschen, schälen und entkernen. Das Fruchtfleisch in kleine Würfel schneiden und mit dem Saft einer halben Zitrone beträufeln. | Den Zucker in einem Topf goldbraun karamellisieren, die Birnenwürfel zugeben und darin anschwitzen. | Den Sternanis und die Zimtstange zugeben, mit dem Weißweinessig ablöschen. Bei mittlerer Hitze die Birnenwürfel weich garen. Zuletzt mit Salz und Pfeffer abschmecken und das Rapsöl unterrühren.

3 *Gorgonzola-Bällchen*

100 g Gorgonzola
100 g Magerquark
Salz
Pfeffer
6 Stiele Koriander
2 Scheiben Pumpernickel

Den Gorgonzola und den Magerquark in einer Schüssel verrühren. Mit Salz und Pfeffer abschmecken. | Vom Koriander vier schöne Blättchen beiseitelegen, die restlichen Blätter grob hacken und unter die Gorgonzola-Creme rühren. Mit Hilfe eines Löffels vier Nocken abstecken und diese zu Bällchen rollen. Das Pumpernickel in einer Küchenmaschine klein mahlen und die Bällchen darin wälzen. | Zum Anrichten einen Ring (etwa 10 cm) leicht einfetten und in die Mitte des Tellers setzen. Das Kürbispüree hineinfüllen und glatt streichen. Darauf etwas Birnentatar geben. Jeweils ein Gorgonzola-Bällchen daraufsetzen und mit dem übrigen Koriander garnieren.

Tafelspitz mit Pfeffer-Aprikosen und Kartoffelrösti | FÜR 4 PORTIONEN

1 *Pfeffer-Aprikosen*

6 Aprikosen
½ Zitrone
1 Schote Langer Pfeffer
2 EL Zucker
50 ml naturtrüber Apfelsaft
1 EL Weißweinessig
Salz
2 Stangen Frühlingslauch

Die Aprikosen waschen, halbieren und entkernen. Die Hälften in Spalten schneiden und mit Zitronensaft beträufeln. Den Langen Pfeffer im Mörser grob zerstoßen. | Den Zucker in einem Topf karamellisieren, die Aprikosen darin anschwitzen. Mit dem Apfelsaft und dem Weißweinessig ablöschen und 1–2 Minuten köcheln lassen. Den Langen Pfeffer und eine Prise Salz zugeben. | Den Frühlingslauch putzen, waschen und in feine Ringe schneiden. Unter die Aprikosen mischen und abkühlen lassen.

2 *Kartoffelrösti*

700 g Kartoffeln, festkochend
2 EL Rapsöl
30 g Butter
Salz
400 g Tafelspitz, gekocht

Die Kartoffeln waschen, schälen, grob raspeln und ausdrücken. Das Rapsöl in einer Pfanne erhitzen und darin portionsweise kleine Rösti ausbacken. Dafür jeweils einen Teil der Kartoffeln in die Pfanne geben, flach drücken und zu einer kompakten Rösti formen. Wenn die Rösti auf der einen Seite goldbraun gebraten ist, wenden und ebenfalls goldbraun und knusprig braten. Zuletzt etwas Butter in die Pfanne geben, unterschwenken und mit Salz würzen. So beschrieben zwölf Rösti braten, auf Küchenpapier abtropfen lassen. | Den Tafelspitz auf der Aufschnittmaschine in dünne Scheiben schneiden.

3 *Dekoration*

150 g Crème fraîche

Die Aprikosen in ein Sieb zum Abtropfen geben, den Sud dabei auffangen. | Zum Anrichten je eine Rösti auf einen Teller geben, mit einigen Aprikosenspalten belegen. Die Tafelspitzscheiben durch den Aprikosensud ziehen und auf die Rösti legen. Mit zwei weiteren Rösti, den Aprikosen und dem Tafelspitz aufschichten. Zuletzt mit einem Löffel Crème fraîche vollenden.

Trauben-Roquefort-Trifle | FÜR 4 PORTIONEN

1 *Trauben*

400 g blaue Weintrauben, kernlos
3 EL Akazienhonig
5 EL Aceto Balsamico
Salz
Pfeffer aus der Gewürzmühle

Die Trauben von den Stielen ziehen und waschen. Auf einem Küchentuch abtropfen lassen. | Den Honig und den Balsamico in einen Topf geben und aufkochen. Bei milder Hitze etwa 5–8 Minuten dickflüssig einkochen lassen. Mit Salz und Pfeffer würzen. Die Trauben zugeben und unterschwenken. Lauwarm abkühlen lassen.

2 *Roquefortcreme*

250 g Magerquark
250 g Naturjoghurt
150 g Roquefort
150 ml Schlagsahne
½ Bio-Zitrone
Salz
Pfeffer

Den Quark, den Joghurt, den Roquefort und die Sahne in eine Schüssel geben und mit den Schneebesen des Handrührgerätes schaumig aufschlagen. Mit fein abgeriebener Zitronenschale und etwas Zitronensaft, Salz und Pfeffer abschmecken.

3 *Grissini-Schicht*

200 g Grissini

Die Grissini in einen Gefrierbeutel geben und grob zerbröseln. | Zum Anrichten vier Gläser etwa 2 cm hoch mit Roquefort-Creme füllen. Anschließend Trauben und Grissini darauf verteilen. Eine weitere Schicht Roquefort-Creme und Trauben daraufgeben. | *(Tipp: Dieses Dessert lässt sich auch wunderbar in ganz kleinen Gläsern anrichten, dabei wird jeweils nur eine Schicht von jeder Komponente eingefüllt.)*

Die perfekte Kruste

Wer liebt sie nicht, die perfekte Kruste? Es geht doch nichts über ein ofenfrisches knuspriges Brot, über den saftigen Braten, außen mit einer schönen Kruste und innen leicht rosa, oder für Pastafreunde über die goldbraune, pikante Käsekruste, die so typisch ist für Lasagne & Co. Als Königin der Desserts gilt die Crème brûlée, weil sie so unglaublich köstlich-knusprig ist mit ihrer zarten Zuckerkruste.
Doch in diesem Kapitel geht es nicht nur um die Kruste, denn es gibt auch Knuspriges in etwas anderer Form.

Tempura

Eine Zubereitungsvariante frittierter Speisen in der japanischen Küche, die sich auch bei uns wachsender Beliebtheit erfreut, ist Tempura. Mit einem Teigmantel aus Weizenmehl, Ei und Eiswasser versehen, werden diverse Fisch-, Pilz- und Gemüsesorten sowie Sprösslinge und junge Blätter in heißem (140–170 °C) Öl schnell ausgebacken. Besonders geeignet sind Garnelen und Hummerkrabben. Zu den bevorzugten Gemüsearten zählen Süßkartoffel, Lotus, Aubergine, Schoten, Zwiebeln, Karotten, Paprika, Zucchini und Spargelspitzen. Außerhalb von Japan werden auch Fleisch (insbesondere Pute) und Obst (z.B. Banane) auf diese Weise zubereitet. Servieren Sie diese Köstlichkeiten in Gläsern, Muffin-Manschetten oder kleinen Papiertüten.

Frittierte Kartoffeln, knusprige Knödel und zarte Chips

Eine weitere Art, Beilagen knusprig und dekorativ zu servieren, ist das Frittieren von Kartoffeln, Nudeln und Teig in Öl. Beleben Sie die alltägliche Kartoffelbeilage doch einmal und verleihen Sie Ihrem Gericht mit Kartoffelstroh Form und Geschmack. Dazu werden auf dem Gemüsehobel Kartoffeln in feine Stäbchen geschnitten, frittiert und dann lose oder gebündelt angerichtet. Sehr dekorativ sind auch Kartoffelspiralen, -gitter oder -körbchen, aber auch blaue Kartoffelchips, »Knusperhaare« aus Wan-Tan-Teig und frittierte Glasnudeln.
Für die frittierten Glasnudeln schneiden Sie ungekochte trockene Glasnudeln mit einer Küchenschere in Stücke und frittieren sie für einige Sekunden in heißem Öl, aber Vorsicht: Sie vervielfachen ihr Volumen. Für »Knusperhaare« Wan-Tan-Teig in feine Streifen schneiden und frittieren. Etwas Besonderes sind knusprig gebackene Rotkohlknödel, die, zweifach mit Ei und Semmelbrösel paniert, in heißem Öl goldbraun ausgebacken werden. Dieses Verfahren können Sie auch bei Sauerkraut anwenden. Sehr dekorativ sind auch Gemüsechips, für die Gemüse geschält, in dünne Scheiben gehobelt, in Mehl gewendet und in heißem Öl portionsweise frittiert wird, und frittierte Kräuter, wobei sich die großblättrigen wie Petersilie, Basilikum und Salbei, aber auch Rucola sehr gut eignen. Vorsicht, es spritzt, wenn die Kräuter ins heiße Öl kommen. Mit dünnen gerösteten Ciabatta-Scheiben, Parmesanblättern oder -körbchen, knusprigen Sesamsegeln usw. werten Sie jedes Gericht noch optisch auf.

Süße Köstlichkeiten

Kennen Sie den Klassiker »Apfel im Schlafrock«? Hierbei handelt es sich um einen mit Marzipan gefüllten Bratapfel, der von knusprigem Blätterteig umhüllt wird. Oder die »Linzertorte« mit dem typischen Teiggitter über der Fruchtfüllung? Weniger bekannt, aber sehr spektakulär ist knusprig gebackenes Eis, das Sie zu Früchten servieren können. Die gefrorenen Eiskugeln werden mit Marzipanrohmasse umwickelt, erneut gefroren, dann nacheinander in Mehl, verquirltem Ei und Biskuitbröseln gewendet und ca. 1 Minute goldgelb ausgebacken – eine heiß-kalte Verführung. Knusprige und effektvolle Dekorationen auf Desserts sind Karamellgitter, Schoko-Nuss-Blätter, getrocknete Apfel- oder Birnenchips, Bonbonchips und Schokoladenkörbchen, aber natürlich auch verzuckerte Blüten, Kräuter (Minze und Basilikum) und Früchte.

Rote Zwiebelsuppe unter der Blätterteighaube | FÜR 4 PORTIONEN

1 *Zwiebelsuppe und Blätterteighaube*

- 6 rote Zwiebeln
- 1 Knoblauchzehe
- 1 frische Rote Bete
- 2 EL Olivenöl
- 1 TL Zucker
- 1 Lorbeerblatt
- 2 Zweige Thymian
- 100 ml Weißwein, trocken
- 600 ml Gemüsefond
- Salz
- Pfefferaus der Gewürzmühle
- Chili aus der Gewürzmühle
- 4 feuerfeste Serviergläser
- 1 Rolle frischer Blätterteig
- 1 Eigelb

Die Zwiebeln und den Knoblauch schälen und in feine Streifen schneiden. Die Rote Bete schälen und in dünne Streifen schneiden. | Das Olivenöl in einem Topf erhitzen, die Zwiebeln, den Knoblauch und die Rote-Bete-Streifen darin anschwitzen. Den Zucker zugeben und leicht karamellisieren lassen. Das Lorbeerblatt und den Thymian zugeben und mit dem Weißwein ablöschen. | Den Gemüsefond angießen und die Suppe 10 Minuten köcheln lassen. | Den Backofen auf 180 °C Ober-/Unterhitze (160 °C Umluft) vorheizen. | Die Suppe mit Salz, Pfeffer und Chili abschmecken. Den Lorbeer und den Thymian aus dem Sud nehmen. | Die Gläser zu zwei Dritteln mit der Suppe befüllen. | Den Blätterteig ausrollen und daraus vier Kreise ausstechen, die im Durchmesser etwa 2 cm größer sind als die Serviergläser. | Die Ränder der Blätterteigkreise mit Eigelb einstreichen und mit der eingestrichenen Seite auf die Gläser legen. Die überstehenden Ränder gut an das Glas andrücken. Die Oberseite ebenfalls mit Eigelb einstreichen. | Im vorgeheizten Backofen 10–15 Minuten backen. | Vorsichtig herausnehmen und servieren. | *Tipp: Verwenden Sie zum Schälen der Rote Bete Einweghandschuhe, das verhindert unschöne Verfärbungen.*

Jakobsmuscheln im Brotmantel auf Kirschtomaten-Ragout | FÜR 4 PORTIONEN

1 *Kirschtomaten-Ragout*

500 g Kirschtomaten
2 Schalotten
1 Knoblauchzehe
2 EL Olivenöl
1 TL Zucker
1 EL Weißweinessig

Die Kirschtomaten waschen und halbieren. Die Schalotten und den Knoblauch schälen und klein würfeln. Das Olivenöl erhitzen, die Schalotten und den Knoblauch darin anschwitzen, die Kirschtomaten zugeben. | Den Zucker darüberstreuen und leicht karamellisieren lassen. Mit Weißweinessig ablöschen und mit Salz und Pfeffer würzen. 5–8 Minuten köcheln lassen.

2 *Pesto*

50 g Pinienkerne
1 Bund Basilikum
100 ml Olivenöl
½ Knoblauchzehe
Salz
Pfeffer aus der Gewürzmühle
½ Zitrone

Die Pinienkerne in einer Pfanne ohne Fett goldbraun rösten. Für das Pesto das Basilikum von den Stielen befreien und die Blätter grob zupfen. Zusammen mit den Pinienkernen, dem Olivenöl und einer halben Knoblauchzehe in einem Zerkleinerer zu einer nicht zu feinen Paste mixen. Mit Salz, Pfeffer und etwas Zitronensaft abschmecken.

3 *Jakobsmuscheln im Brotmantel*

4 dünne Scheiben Graubrot (möglichst groß)
8 frische Jakobsmuscheln, küchenfertig ausgelöst
2 EL Olivenöl
2 Thymianzweige
2 Knoblauchzehen
Salz
Pfeffer aus der Gewürzmühle

Die Brotscheiben von der Rinde befreien und in acht Streifen in der Größe von 3 x 12 cm schneiden. | Die Jakobsmuscheln mit den Brotstreifen umwickeln und, falls nötig, mit einem Zahnstocher fixieren. | 2 EL Olivenöl in einer Pfanne erhitzen, die Thymianzweige und den halbierten, ungeschälten Knoblauch zugeben und die Jakobsmuscheln von beiden Seiten kurz scharf anbraten. | Zur Seite ziehen und 2–3 Minuten ziehen lassen. Mit Salz und Pfeffer würzen.

4 *Spinat*

200 g Baby-Blattspinat

Den Spinat putzen, waschen und trocken schleudern. | Mit 1 EL Pesto vermischen und auf den Tellern anrichten. Jeweils zwei Jakobsmuscheln anlegen und das Tomatenkompott in kleinen Schälchen dazu servieren. Mit dem restlichen Pesto beträufeln.

Entenbrust mit Maronenkruste auf Lauchzwiebel-Risotto | FÜR 4 PORTIONEN

1 *Entenbrust*

3 Entenbrüste à ca. 250 g
2 EL Rapsöl
je 2 Thymian- und Rosmarinzweige
2 Knoblauchzehen
Salz
Pfeffer aus der Gewürzmühle

Den Backofen auf 120 °C vorheizen. | Die Entenbrüste von der Haut befreien, dabei nicht ins Fleisch schneiden, da sonst der Fleischsaft beim Garen ausläuft. | Das Rapsöl in einer Pfanne erhitzen und die Entenbrüste samt der Kräuter und dem Knoblauch von beiden Seiten anbraten. Mit Salz und Pfeffer würzen und im vorgeheizten Backofen auf das Backofengitter legen und etwa 20–25 Minuten rosa garen. | *(Tipp: Stellen Sie ein Blech unten in den Ofen, das fängt den abtropfenden Saft auf.)*

2 *Risotto*

800 ml Gemüsebrühe
1 Zwiebel
1 EL Olivenöl
200 g Risottoreis
100 ml Weißwein
Salz
Pfeffer aus der Gewürzmühle
30 g Butter
50 g Parmesan, frisch gerieben

Die Gemüsebrühe aufkochen. Die Zwiebel schälen und klein würfeln. | Das Olivenöl in einem Topf erhitzen, die Zwiebeln und den Reis darin anschwitzen. Mit dem Weißwein ablöschen und verkochen lassen. Nun Kelle für Kelle die heiße Brühe zugeben, dabei immer wieder rühren und heiße Brühe nachgießen, wenn diese vom Reis aufgenommen ist. Das dauert je nach Sorte 18–22 Minuten. Der Reis sollte außen weich und innen noch leicht bissfest sein. | Das Risotto vom Herd nehmen, mit Salz und Pfeffer würzen, die Butter und den Parmesan unterrühren.

3 Maronenkruste + 4 Honig-Lauchzwiebeln, siehe nächste Seite

3 *Maronenkruste*

- 50 g Maronen, vorgegart
- 50 g Toastbrot
- 75 g Butter
- 1 Prise Salz
- ½ TL brauner Zucker
- 1 Eigelb
- Salz
- Pfeffer

Die Maronen fein hacken. Das Toastbrot entrinden und in einer Küchenmaschine fein mahlen. Beides mischen. | Die Butter in einer Schüssel mit einer Prise Salz schaumig aufschlagen, die Maronen-Brot-Mischung und den braunen Zucker zugeben und mit dem Eigelb untermischen. Mit Salz und Pfeffer abschmecken. | Die Entenbrüste auf der Oberseite mit der Masse bestreichen und im 200 °C heißen Ofen auf der obersten Einschubleiste 2–3 Minuten (unter Aufsicht) gratinieren.

4 *Honig-Lauchzwiebeln*

- 1 Bund Lauchzwiebeln (Frühlingslauch)
- 2 EL Akazienhonig
- Salz
- Pfeffer aus der Gewürzmühle
- 50 ml Gemüsebrühe
- Fleur de Sel

Die Lauchzwiebeln putzen, waschen und schräg in 2 cm lange Stücke schneiden. | Den Honig in einer Pfanne erhitzen, die Lauchzwiebeln zugeben und darin anschwitzen. Mit Salz und Pfeffer würzen. Etwas Gemüsebrühe zugeben und die Zwiebeln weichdünsten. | Die Lauchzwiebeln unter das Risotto mischen. | Zum Anrichten die Entenbrüste in Tranchen schneiden. Das Risotto auf Tellern anrichten, die Fleischscheiben daraufgeben und mit Fleur de Sel und frisch gemahlenem Pfeffer vollenden.

Schoko-Knödel mit Waldfruchtsauce | FÜR 4 PORTIONEN

1 *Schoko-Knödel*

800 g mehlig kochende Kartoffeln
3 Eigelb
100 g Speisestärke
1 Prise Salz
1 EL Zucker
100 g Zartbitterkuvertüre

Die Kartoffeln waschen, schälen, vierteln und in einem Dämpftopf weich dämpfen. Anschließend herausnehmen und 5 Minuten abkühlen lassen. | Die Kartoffeln durch eine Kartoffelpresse in eine Schüssel pressen. Die Eigelbe, die Speisestärke, das Salz und den Zucker zugeben und zu einer glatten Masse verrühren. | Der Kartoffelteig sollte sich trocken anfühlen und nicht an den Händen kleben. Ggf. noch etwas Stärke einarbeiten. | Die Masse zu einer langen Rolle formen und in zwölf gleich große Portionen teilen. Die Schokolade ebenfalls in zwölf Portionen aufteilen. | Die Kartoffelstücke auf den Handflächen flach drücken, die Schokolade hineinlegen und zu einem runden Knödel formen. So fortfahren, bis zwölf Knödel entstanden sind. | Reichlich Wasser in einem großen Topf zum Kochen bringen, mit etwas Salz und Zucker abschmecken und die Knödel hineingeben. Knapp unter dem Siedepunkt etwa 10 Minuten garen. | Anschließend herausnehmen und gut abtropfen lassen.

2 *Bröselkruste*

50 g Butter
100 g Biskuitbrösel (Löffelbiskuit)
1 Msp. Zimtpulver

Die Butter in einer Pfanne schmelzen, die Biskuitbrösel zugeben und untermischen. Unter Rühren goldbraun anrösten und mit etwas Zimt verfeinern. | Die fertigen Knödel in den Bröseln wenden.

3 *Waldfruchtsauce*

300 g gemischte Beeren (Himbeeren, Brombeeren, Heidelbeeren ...)
1 Zitrone
50 ml Grenadine (Granatapfelsirup)
50 g Puderzucker
Himbeeren zum Garnieren
Puderzucker zum Bestäuben

Die Beeren zusammen mit dem Zitronensaft, der Grenadine und dem Puderzucker fein pürieren und durch ein Sieb streichen. | Zum Anrichten die Fruchtsauce auf Tellern verteilen. Die Knödel daraufgeben, mit Himbeeren umlegen und mit Puderzucker bestäuben.

KUNTERBUNT

Rot, Gelb, Grün. Beim Essen sind es die Ampelfarben, die Speisen attraktiver machen als andere. Die Farbauswahl bei Lebensmitteln beruht auf dem Impuls, zu etwas Gesundem zu greifen: Rot signalisiert dabei Fruchtiges wie Erdbeeren, Himbeeren oder Kirschen, Gelb bedeutet Frische wie Zitronen, und Grün ist die Farbe des Lebens und schon allein dadurch positiv besetzt. Farbe löst auch beim Essen Wohlfühlen aus – oder auch Ablehnung, wenn diese nicht mit den Erwartungen übereinstimmt.

Pflanzliche Farbstoffe – bunt und gesund

In praktisch allen bunten Obst- und Gemüsesorten kommen die natürlichen Pflanzenfarbstoffe Anthocyane, Carotinoide und Flavonoide vor. Sie gehören zu den sekundären Pflanzenstoffen, das heißt, sie sind für die Pflanzen nicht lebensnotwendig. Anthocyane (von Altgriechisch *anthos* = Blüte und *kyanos* = dunkelfarbig) färben beispielsweise Auberginen violett und Kirschen, Heidel- und Preiselbeeren rot. Bei den Flavonoiden (von Lateinisch *flavus* = blond oder gelb) handelt sich um die gelben bis orangefarbenen Blütenfarbstoffe, die zum Beispiel Aprikosen die gelbe Farbe verleihen. Die Pflanzenfarbstoffe bestimmen, mit welcher Farbe die Pflanze die Insekten anlockt, gleichzeitig wehren sie aufgrund ihres bitteren Geschmacks schädliche Pilze und Schnecken erfolgreich ab. Sekundäre Pflanzenstoffe führten lange ein Schattendasein neben den Vitaminen und Mineralstoffen.

Sie galten als nutzlose Stoffe, deren Rolle darin bestand, Pflanzen ihre Farbe, ihren Geruch und Geschmack zu geben. Erst jetzt ist bekannt, dass sekundäre Pflanzenstoffe auch zahlreiche gesundheitsfördernde Eigenschaften haben und wichtige Schutzstoffe sind. Besonders die Wirkung der Pflanzenfarbstoffe auf den Menschen ist vielfältig: Sie bieten Schutz vor Infektionen, vor Herz-Kreislauf- und Gefäßleiden, sie verbessern die Durchblutung, schützen vor frühzeitiger Alterung und wirken entzündungshemmend. Als Radikalenfänger sind die Anthocyane sogar den Vitaminen C, E und ß-Carotin überlegen.
Besonders hervorheben möchten wir noch das Chlorophyll. Es ist das Farbpigment, das den Pflanzen ihre grüne Farbe verleiht und ihnen ermöglicht, Photosynthese zu betreiben. Je mehr Chlorophyll ein Lebensmittel enthält, umso höher ist sein gesundheitlicher Nutzen. Zu den grünen »Superfoods« gehören alle grünen essbaren Pflanzen, Wildpflanzen, Kräuter und Gemüse und grüne Sprossen, aber auch Algen. Sie sind grandiose natürliche Vitalstoffbomben.

Frische Farben, die Appetit machen

Farbintensive Gerichte, wie Spinatsuppe, Paprika-Püree, Safran-Mousse, Erdbeerkonfitüre etc. sprechen uns also besonders an, aber auch ein farbenfroher Mix. Servieren Sie Ihren Gästen einen großen bunten Gemüse- oder Salatteller, bunte Obstkügelchen in Gelee, bunte Bandnudeln zu einem Nest gerollt, grünen Spargel mit Cherrytomaten und Büffelmozzarella oder ein Ananas-Melonen-Carpaccio – lassen Sie Ihrer Fantasie freien Lauf. Schön sind auch gefüllte Minigemüse wie bunte Paprika, Tomaten, Zucchini und Auberginen. Übrigens behält Gemüse durch Blanchieren seine schöne Farbe, der Geschmack geht nicht verloren und die Nährstoffe bleiben weitgehend erhalten. Entdecken Sie auch alte und besonders geschmackvolle Kartoffelsorten mit außergewöhnlicher Färbung: die nussig schmeckende »Corne de Gatte« mit rosafarbener Schale, die rotschalige, innen gelbe »Cherie« und die durch und durch blaue »Vitelotte«, deren dunkles Fruchtfleisch Salaten, Pfannengerichten, Chips oder Pürees eine exklusive Note verleiht.

Ton in Ton

Sie können »farbenfroh« auch einmal anders präsentieren, nämlich »Ton in Ton« auf eine Farbe beschränkt. Das funktioniert besonders gut bei Desserts, indem Sie zum Beispiel Beeren in unterschiedlichen Rottönen, von Brombeeren über Himbeeren zu Erdbeeren, mit Mousses in unterschiedlichen Rosétönen kombinieren und mit weißem Baiser dekoriert servieren.

Meerrettich-Mousse auf Rote-Bete-Glasnudeln | FÜR 4 PORTIONEN

1 *Meerrettich-Mousse*

4 Blatt Gelatine
250 g Speisequark (20 %)
5 cm frische Meerrettichwurzel
1 Zitrone
Salz
weißer Pfeffer aus der Gewürzmühle
50 ml Milch
250 ml Schlagsahne

Die Gelatine 10 Minuten in kaltem Wasser einweichen. | Den Speisequark mit frisch geriebenem Meerrettich und dem Saft der Zitrone verrühren, kräftig mit Salz und Pfeffer abschmecken. | Die Milch erwärmen, die gut ausgedrückte Gelatine darin auflösen und unter die Quarkmasse rühren. | Die Schlagsahne steif schlagen und unterheben. In eine Schale geben, abgedeckt 2 Stunden im Kühlschrank fest werden lassen.

2 *Rote-Bete-Glasnudeln*

500 ml Rote-Bete-Saft
1 Packung Glasnudeln
1 EL Sesamöl, geröstet
2 EL Zucker

200 ml Rote-Bete-Saft und 200 ml Wasser einmal aufkochen. Die Glasnudeln hineinlegen und nach Packungsanleitung garen. Anschließend abgießen und mit dem Sesamöl mischen. | Den restlichen Rote-Bete-Saft mit dem Zucker zusammen aufkochen, bei milder Hitze sirupartig einkochen lassen.

3 *Rote-Bete-Chips*

1 frische Rote Bete
Pflanzenöl zum Ausbacken
Fleur de Sel

Die Rote Bete schälen und in dünne Scheiben hobeln. Das Pflanzenöl in einem flachen Topf erhitzen und die Scheiben darin kurz ausbacken. Auf Küchenpapier abtropfen lassen und leicht salzen.

4 *Salat*

200 g feine Salatblätter
3 EL Weißweinessig
3 EL Olivenöl
Salz

Den Salat putzen, waschen, trocken schleudern und mit Weißweinessig, Olivenöl und Salz marinieren. | Zum Anrichten die Glasnudeln in kleinen Nestern auf Tellern verteilen. Die Salatblätter daraufgeben. Einen Esslöffel in heißes Wasser tauchen und damit aus der Mousse Nocken ausstechen. Dafür den Löffel mit der langen Seite in die Mousse stechen und einmal um die eigene Achse drehen. Die Nocke aus der Mousse heben und auf dem Teller anrichten. | Mit den Rote-Bete-Chips und dem Sirup vollenden.

Bunte Spaghetti mit gebratenen Garnelen | FÜR 4 PORTIONEN

1 *Gemüse-Spaghetti*

- 1 Kohlrabi
- 2 Karotten
- 1 weißer Rettich
- 1 Salatgurke
- 2 EL Olivenöl
- Salz
- Pfeffer aus der Gewürzmühle
- ½ Zitrone

Den Kohlrabi, die Karotten, den Rettich und die Gurke waschen und schälen. Die Gemüse mit Hilfe eines Spiralschneiders zu langen, dünnen Fäden schneiden. | *(Tipp: Das Gemüse lässt sich auch sehr schnell mit einem Sparschäler bearbeiten. Das geschälte Gemüse einfach weiterschälen und die so entstandenen Streifen verwenden.)* | Das Olivenöl in einer Pfanne erhitzen, den Kohlrabi und die Karotten darin etwa 3 Minuten anschwitzen. Die Gurken und die Rettichstreifen zufügen, alles mit Salz, Pfeffer und etwas Zitronensaft würzen. | Die Gemüsestreifen gut mischen, in vier Portionen teilen und jede Portion mit Hilfe einer Fleischgabel aufrollen. In schmale hohe Gläser gleiten lassen und warm stellen.

2 *Garnelen*

- 8 Riesengarnelen, küchenfertig
- 2 EL Olivenöl
- 2 Thymianzweige
- 2 Rosmarinzweige
- Salz
- Pfeffer aus der Gewürzmühle
- 50 g getrocknete Tomaten in Öl
- 50 g grüne Oliven, entsteint
- ½ Bund Schnittlauch
- Basilikum zur Garnitur

Die Garnelen putzen, dafür den Kopf abdrehen, die Schale bis auf das letzte Schwanzstück und den Darm entfernen. Die Garnelen in der gleichen Pfanne im Olivenöl zusammen mit den Kräuterzweigen von beiden Seiten anbraten. Mit Salz und Pfeffer würzen. | Die Tomatenfilets und die Oliven klein hacken, den Schnittlauch in feine Röllchen schneiden und kurz mit anschwitzen. | Zum Anrichten die Tomaten-Oliven-Mischung auf die Gemüse-Spaghetti geben. Die Garnelen neben den Gläsern anrichten. Mit Salz und Pfeffer nochmals würzen. Zur Garnitur mit einigen Basilikumblättern belegen.

Lamm-Paprika-Schnecken mit Taboulé | FÜR 4 PORTIONEN

1 *Lamm-Paprika-Schnecken*

4 Lammlachse, à ca. 160 g
4 geröstete Paprikaschoten (eingelegt im Glas)
2 Zweige Thymian und Rosmarin
2 EL Olivenöl
Salz
Pfeffer aus der Gewürzmühle
2 Knoblauchzehen, ungeschält

Die Lammlachse jeweils längs in vier Streifen schneiden, mit einem Stück Frischhaltefolie belegen und leicht plattieren. | Die Paprikaschoten auf die Breite der Lammstreifen zurechtschneiden. Je zwei Lammstreifen längs leicht überlappend auslegen. Auf der gesamten Länge mit Paprika belegen und zu einer kompakten Schnecke aufrollen. Mit einem Bambusspieß fixieren. Wie beschrieben insgesamt acht Schnecken aufrollen. | Den Ofen auf 120 °C Ober-/Unterhitze (100 °C Umluft) vorheizen. | Die Thymianblätter und die Rosmarinnadeln hacken und mit dem Olivenöl mischen. Die Lammschnecken damit einstreichen, mit Salz und Pfeffer würzen. Eine Pfanne erhitzen und die Lammschnecken mit dem Knoblauch darin von beiden Seiten anbraten. | Im vorgeheizten Ofen auf das Backofengitter legen und 10–15 Minuten rosa garen.

2 *Taboulé*

300 ml Gemüsebrühe
Salz
200 g Bulgur
1 gelbe Paprikaschote
1 rote Zwiebel
3 Stiele glatte Petersilie
3 Stiele Minze
Pfeffer aus der Gewürzmühle
2 EL Olivenöl
2 EL Weißweinessig

Die Gemüsebrühe aufkochen, eine Prise Salz zugeben und den Bulgur einstreuen. Bei milder Hitze etwa 10 Minuten ausquellen lassen, dabei gelegentlich umrühren. Vom Herd nehmen. | Die Paprikaschote waschen, vierteln, entkernen und die Viertel schälen. Anschließend in kleine Würfel schneiden. Die Zwiebel schälen, klein würfeln. Die Petersilie und die Minze von den Stielen befreien und die Blätter grob hacken. | Alle vorher genannten Zutaten zum Bulgur geben und vermischen. Mit Salz und Pfeffer würzen, das Olivenöl und den Weißweinessig untermischen.

3 *Sauce*

50 g getrocknete Cranberries
50 ml roter Portwein
200 ml Lammfond (Glas)
200 ml Rotwein
1 Lorbeerblatt
Salz
Pfeffer
Zucker

Die Cranberries hacken und mit dem Portwein in einem Topf aufkochen. Mit Lammfond und Rotwein ablöschen, den Lorbeer zugeben, mit Salz und Pfeffer würzen. Die Sauce sämig einkochen lassen. Zuletzt mit etwas Zucker, Salz und Pfeffer abschmecken. | Zum Anrichten einen Metallring in der Größe der Lammschnecken (etwa 8 cm) einfetten und auf einen Teller setzen. Den Bulgur hineinfüllen und gut festdrücken. Einen zweiten Ring Bulgur auf dem Teller anrichten. Darauf die Lammschnecken legen und mit etwas frisch gemahlenem Pfeffer bestreuen. | Die Sauce um die Türmchen träufeln und servieren.

Weingelee mit Zitronenverbene, Melone und Sabayon | FÜR 4 PORTIONEN

1 *Weingelee*

- 5 Blatt weiße Gelatine
- 500 ml fruchtiger, trockener Riesling (alternativ Traubensaft)
- 50 g Zucker
- ½ Honigmelone
- ½ Galia-Melone
- ½ Charentais-Melone
- 1 kleines Bund Zitronenverbene

Die Gelatine 10 Minuten in kaltem Wasser einweichen. | Den Weißwein zusammen mit dem Zucker einmal kurz aufkochen, anschließend vom Herd nehmen. | Die Gelatine gut ausdrücken und in der heißen Flüssigkeit auflösen. | Die Melonen entkernen und das Fruchtfleisch mit Hilfe eines Kugelausstechers ausstechen. | Die Melonenkugeln in kleine Förmchen verteilen und das Weingelee daraufgeben. Mit einigen Verbene-Blättern verzieren. 2 Stunden im Kühlschrank kalt stellen.

2 *Sabayon*

- 3 Eigelb
- 60 g Zucker
- 100 ml fruchtiger, trockener Riesling (alternativ Traubensaft)

Die Eigelbe und den Zucker in eine Schlagschüssel geben und verrühren. Die Schüssel auf ein heißes Wasserbad stellen, den Weißwein zugeben und mit Hilfe eines Schneebesens dickschaumig aufschlagen. | *(Tipp: Die Sabayon sollte während des Schlagens auf etwa 75 °C erhitzt werden, so bekommt sie die optimale Konsistenz und fällt nicht mehr zusammen.).* | Zum Anrichten das Weingelee aus den Förmchen stürzen. Dafür ganz kurz in heißes Wasser tauchen und auf eisgekühlte Teller stürzen. Die Sabayon um die Geleetörtchen verteilen.

LUFTIG-LEICHT

Die folgenden französischen Worte sagen, worum es in diesem Kapitel geht: *Mousse* heißt übersetzt Schaum, *Soufflé* steht für Hauch oder Atem und *Baiser* ist der Kuss. Die Zutaten verschmelzen darin zu einem unwiderstehlich luftig-leichten Genuss, der es aber auch in sich haben kann.

Mousse

Mousse – allein das Wort zergeht förmlich auf der Zunge. So bezeichnet werden Speisen von schaumig-luftiger und zartschmelzender Konsistenz, die es sowohl in der herzhaften wie auch in der süßen Variante gibt. Am bekanntesten ist sicherlich die Mousse au Chocolat, aber auch Gemüse-, Fleisch- und Fischmousses sind auf dem Vormarsch. Dank ihrer flexiblen Konsistenz kann eine Mousse nahezu jede Form annehmen: Sie lässt sich spritzen, zu Nocken oder Kugeln formen, zwischen hauchdünne, knusprige Mandelblätter schichten oder einfach in Tassen oder Gläsern servieren. Optisch sehr reizvoll ist es, wenn Sie farblich verschiedene Mousses in Gläser schichten. Dazu stellen Sie die Gläser nach jeder Schicht zum Festwerden für 10–15 Minuten in den Tiefkühler. Wenn Sie eine diagonale Schicht in das Glas zaubern möchten, stellen Sie die Gläser schräg in einen leeren Eierkarton und lassen die erste Mousseschicht im Gefrierschrank fest werden. Dann die Gläser herausnehmen, gerade auf die Arbeitsfläche stellen, die zweite Mousse einfüllen und im Kühlschrank abkühlen lassen.

Soufflé

Soufflés gelten zu Recht als Höhepunkte feiner Kochkunst. Die Zubereitung dieser zarten und luftigen Eierspeisen ist bei Beachtung einiger Grundregeln kein Hexenwerk, auch wenn viele sich nicht daran wagen. Wie bei Kuchen brauchen Sie für Soufflés die passenden Formen. Eine Soufflé-Form muss feuerfest sein und, ganz wichtig, gerade, sehr glatte Wände haben, damit das Soufflé appetitlich über den Rand steigen kann. Soufflés lassen sich sowohl als herzhafte Vorspeise oder Hauptgericht, aber auch als süßes Dessert zubereiten. Servieren Sie Ihren Espresso doch einmal als Soufflé in einer Espressotasse oder Ihren Grünen Tee als Soufflé in einer Teeschale.

Baisers

Baisers, Meringues, Macarons – Gebäck aus Eischnee wird immer wieder neu erfunden. Aktuell im Trend und auf der ganzen Welt als unwiderstehliche Klassiker der französischen Konditorskunst bekannt und beliebt sind die bunten, gefüllten Macarons. Dieses raffinierte Konfekt aus Mandeln, Zucker und Eiweiß ist zarte Verführung pur: Es ist zugleich weich und knusprig, luftig-leicht und mit zart schmelzender Creme gefüllt, und es lässt sich mit neuen Aromen fast endlos variieren. Die weißen Baisers dagegen aus gezuckertem Eischnee sind eher ein Klassiker, den man schon als Kind geliebt hat.

Espuma

Espumas (Spanisch für Schaum) sind in der kalten und warmen, in der pikanten und süßen Küche der Renner. Diese aufgeschäumten Flüssigkeiten lassen die Aromen besser zur Geltung kommen. Das Extrakt, das mit Hilfe eines Sahnesiphons aufgeschäumt wird, sollte harmonisch abgeschmeckt sein. Die Aromen werden durch die eingefügte Luft intensiver wahrgenommen, auch wenn nur sehr geringe Mengen verwendet werden.
Ob Gemüse oder Obst, Fleisch oder Fisch, Käse oder Schokolade – alles kann zu Schaum werden und ein Gericht geschmacklich und auch optisch adeln. Doch Vorsicht: Im Unterschied zur Mousse verflüssigt sich das Espuma relativ schnell und eignet sich somit nicht für lange Standzeiten, zum Beispiel auf Buffets. Eine besonders schaumige Sauce ohne Hilfsmittel erhalten Sie, wenn Sie diese 5 Minuten abkühlen lassen und kurz vor dem Servieren mit dem Pürierstab aufmixen – dabei den Stab leicht schräg halten und möglichst viel Luft unter die Sauce arbeiten.

Marshmallows

Sicher kennen Sie Mäusespeck. Diese Süßigkeit wurde ursprünglich aus den Wurzeln des Echten Eibischs (Althaea officinalis) hergestellt, und der Name leitet sich von der englischsprachigen Bezeichnung Marsh Mallow (Deutsch: Sumpf-Malve) für diese Pflanze ab. Wird auch heute Gelatine als Geliermittel verwendet, erfreuen sie sich ganz besonders in Amerika großer Beliebtheit, wo sie häufig vor dem Verzehr auf einem Grill erwärmt oder auf Stöcke gespießt über einem Lagerfeuer gedreht werden.

Artischockenmousse mit Zitronen-Fenchel-Lachs | FÜR 4 PORTIONEN

1 *Zitronen-Fenchel-Lachs*

1 Bio-Zitrone
1 TL Fenchelsamen
1 EL Olivenöl
2 EL Salz
2 EL Zucker
500 g Lachsfilet, mit Haut

Die Zitrone abspülen, trocknen und die Schale dünn abschälen. Mit einem Messer in feine Streifen schneiden. | Den Fenchel in einer Pfanne ohne Fett 1–2 Minuten rösten und mit den restlichen Gewürzen und dem Olivenöl verrühren. | Den Lachs mit der Hautseite nach unten in eine flache Schale legen und die Beize darauf verteilen. Abgedeckt für 12 Stunden im Kühlschrank beizen. | Anschließend den Lachs aus der Beize nehmen, unter fließendem Wasser abspülen, abtrocknen und in dünne Scheiben schneiden. | Von der Beize einige Zitronenzesten und Fenchelsamen für den Salat aufbewahren.

2 *Artischockenmousse*

400 g eingelegte Artischocken, abgetropft
150 g Ricotta
Salz
Pfeffer aus der Gewürzmühle
Chili aus der Gewürzmühle
4 Blatt weiße Gelatine
200 ml Schlagsahne
3 EL Milch

Die Artischocken fein pürieren und die Masse durch ein Sieb streichen. | 250 g Artischockenpüree mit dem Ricotta in einer Schüssel verrühren. Mit Salz, Pfeffer und Chili kräftig abschmecken. | Die Gelatine 5 Minuten in kaltem Wasser einweichen. Die Schlagsahne steif schlagen. | Die Gelatine gut ausdrücken und zusammen mit der Milch in einem kleinen Topf erwärmen, bis die Gelatine geschmolzen ist. Die Gelatine unter die Artischockenmasse rühren, die Schlagsahne zugeben und vorsichtig unterheben. Eine flache Form (etwa 15 × 20 cm) mit Frischhaltefolie auslegen und die Mousse hineinfüllen. Glatt streichen und 2 Stunden kalt stellen. | Wenn die Mousse fest geworden ist, auf ein Brett stürzen und in Würfel schneiden.

3 *Rucola-Salat und Dressing*

2 Strauchtomaten
Eiswasser
½ Bund Schnittlauch
2 EL Weißweinessig
2 EL Olivenöl
Salz
Pfeffer aus der Gewürzmühle
Zucker
150 g Rucola, geputzt

Die Haut der Tomaten einritzen und die Früchte in kochendem Wasser 10 Sekunden blanchieren. In Eiswasser abschrecken und die Haut abziehen. | Vierteln, das Kerngehäuse entfernen und die Filets klein würfeln. Den Schnittlauch in feine Röllchen schneiden. | Die Tomatenwürfel, den Schnittlauch, die aufbewahrten Zitronenzesten und Fenchelsamen mit Weißweinessig und Olivenöl mischen. Mit Salz, Pfeffer und einer Prise Zucker abschmecken. | Den Rucola darin marinieren. | Je einen Würfel Artischockenmousse anrichten. Mit den Lachscheiben umlegen. Rucola-Salat und Dressing außen herum verteilen. Mit frisch gemahlenem Pfeffer vollenden.

Pilzrahmsuppe mit Kerbelschaum | FÜR 4 PORTIONEN

1 *Pilzrahmsuppe*

250 g gemischte Pilze (z. B. Austernpilze, Pfifferlinge, Champignons, Steinpilze, Shiitake ...)
2 Schalotten
½ Knoblauchzehe
30 g Butter
100 ml Weißwein, trocken
600 ml Gemüsebrühe
250 ml Schlagsahne
Muskatnuss
Salz
Pfeffer aus der Gewürzmühle
Chili aus der Gewürzmühle
50 g kalte Butterwürfel

Die Pilze mit einer Bürste säubern und klein schneiden. Die Schalotten und den Knoblauch schälen und klein würfeln. | Die Butter in einem Topf schmelzen, die Schalotten, den Knoblauch und die Pilze darin anschwitzen. Mit dem Weißwein ablöschen, die Brühe angießen und alles 15 Minuten bei mittlerer Hitze köcheln lassen. | Die Schlagsahne zugeben, einmal aufkochen und alles mit dem Pürierstab fein mixen. | Die Suppe durch ein Sieb in einen Topf gießen, nochmals aufkochen. Mit Muskatnuss, Salz, Pfeffer und Chili abschmecken. | Kurz vor dem Servieren kalte Butterwürfel zugeben und untermixen.

2 *Kerbelschaum*

1 Bund Kerbel
200 ml Milch
Salz
Pfeffer aus der Gewürzmühle

Den Kerbel abbrausen, trocken schütteln und die Blätter von den Stielen zupfen. | Die Milch in einem Topf erwärmen, mit Salz und Pfeffer abschmecken, den Kerbel zugeben und mit einem Pürierstab schaumig aufmixen, bis eine intensiv grüne Farbe entstanden ist.

3 *Blaue Kartoffelchips*

3 blaue Trüffelkartoffeln (Sorte Vitelotte)
Pflanzenöl zum Ausbacken

Die Kartoffeln gründlich abwaschen und in dünne Scheiben hobeln. Auf Küchenpapier trocken legen. | Das Öl in einem kleinen Topf erhitzen, die Kartoffelscheiben darin 1–2 Minuten knusprig braten. Mit einer Schaumkelle herausheben und auf Küchenpapier abtropfen lassen. Leicht salzen. | Zum Anrichten die Suppe in tiefen Tellern verteilen. Die Kerbelmilch aufmixen und den entstandenen Schaum auf der Pilzrahmsuppe verteilen. Mit den Kartoffelchips und einem Kerbelblatt garnieren. | *(Tipp: Sie können die Suppe auch als Cappuccino in einer Tasse oder im Glas servieren.)*

Grünkohl-Soufflé im Kartoffel-Mettwurst-Sud | FÜR 4 PORTIONEN

1 *Grünkohl-Soufflé*

- 300 g Grünkohl
- 20 g Butter
- 20 g Mehl
- 150 ml Milch
- 4 Eier
- Salz
- Pfeffer aus der Gewürzmühle
- Muskatnuss
- Butter zum Ausfetten
- Mehl zum Ausstreuen

Den Grünkohl putzen, dafür die Blätter von den Stängeln ziehen und grob hacken. Reichlich leicht gesalzenes Wasser zum Kochen bringen und den Grünkohl darin 2 Minuten blanchieren. Herausheben und in Eiswasser abschrecken. In ein Küchentuch geben und die Blätter gründlich ausdrücken. | Den Backofen auf 200 °C Ober-/Unterhitze vorheizen. | Die Butter in einem Topf schmelzen, das Mehl einstreuen und unterrühren. Die Mehlbutter kurz aufschäumen lassen. Die Milch unter Rühren zugeben und das Ganze zu einem dicken Brei kochen. Den Topf vom Herd nehmen und kurz abkühlen lassen. | In der Zwischenzeit die Eier trennen. Die Eigelbe nach und nach unter die Mehlschwitze rühren. Den Grünkohl untermischen. Die Masse kräftig mit Salz, Pfeffer und frisch geriebener Muskatnuss abschmecken. | Das Eiweiß in einer Schüssel mit einer Prise Salz zu steifem Schnee schlagen. Den Eischnee vorsichtig unterheben. | Vier Soufflé-Formen mit Butter ausstreichen und mit Mehl ausstreuen. Die Soufflé-Masse zwei Drittel hoch einfüllen. Im vorgeheizten Backofen auf dem zweiten Einschub von unten 20 Minuten backen. Die Backofentür während des Backens nicht öffnen, da sonst das Soufflé zusammenfällt.

2 *Kartoffel-Sud*

- 2 mittelgroße Kartoffeln, ca. 300 g, mehlig kochend
- 1 Zwiebel
- 30 g Butter
- 500 ml Gemüsebrühe
- Salz
- Pfeffer aus der Gewürzmühle
- ½ Zitrone
- 4 feste Mettenden (geräucherte Mettwurst)
- 4 Stängel glatte Petersilie

Die Kartoffeln waschen, schälen und klein schneiden. Die Zwiebel schälen und klein würfeln. | Die Butter in einem Topf erhitzen, die Kartoffeln und die Zwiebeln darin anschwitzen. Mit der Gemüsebrühe aufgießen und bei mittlerer Hitze weich kochen. Die Kartoffeln mit einer Gabel zerdrücken. Den Kartoffelsud mit Salz, Pfeffer und etwas Zitronensaft abschmecken. | Von den Mettenden längs acht hauchdünne Scheiben abschneiden und in einer Pfanne ohne Fettzugabe knusprig braten. Auf Küchenkrepp abtropfen lassen. | Die restliche Wurst klein würfeln und in der gleichen Pfanne ebenfalls knusprig braten. Die Wurst mit dem entstandenen Bratensatz in den Kartoffelsud geben. | Die Petersilie abbrausen, die Blätter klein schneiden und in den Sud geben. | Zum Anrichten den Kartoffelsud in tiefen Tellern verteilen. Jeweils ein Soufflé stürzen und hineinsetzen, mit den Mettwurst-Chips garnieren.

Lavendelblüten-Baiser mit Heidelbeeren | FÜR 4 PORTIONEN

1 *Lavendelblüten-Baiser*

4 Eiweiß, gekühlt
1 Prise Salz
200 g Lavendelzucker
½ Zitrone

Den Backofen auf 80 °C Ober-/Unterhitze (70 °C Umluft) vorheizen. | Die kalten Eiweiße mit einer Prise Salz in einer großen Schlagschüssel steif schlagen. | Die Hälfte des Lavendelzuckers nach und nach einrieseln lassen, dabei weiterschlagen, bis die Masse schnittfest ist. Den restlichen Zucker auf einmal unterheben, kräftig weiterschlagen, bis die Masse sehr steif, glatt und glänzend ist. Zuletzt einige Tropfen Zitronensaft zugeben und unterschlagen. | Ein Backblech mit Backpapier auslegen. Den Eischnee mit einem Esslöffel in großen Nocken abstechen und auf dem Backpapier verteilen. Im vorgeheizten Backofen 2–3 Stunden langsam trocknen lassen.

2 *Vanillecreme*

50 g Zucker
17 g Speisestärke
1 Vanilleschote
3 Eigelb
200 ml Milch
1 TL Lavendelblüten
100 ml Sahne

Für die Vanillecreme den Zucker und die Stärke in einer kleinen Schale mischen. Die Vanilleschote längs aufschneiden, das Mark herauskratzen und mit den Eigelben in einer Schüssel verrühren. Das Zucker-Stärke-Gemisch zugeben und unterrühren. | Die Milch zusammen mit dem Lavendel in einem Topf erwärmen und ziehen lassen (nach Belieben den Lavendel abseihen). Die Hälfte der Milch zur Eigelbmischung gießen und verrühren. Die restliche Milch aufkochen, die Eigelbmischung zugeben und unter Rühren zum Kochen bringen. Die Hitze reduzieren und die Mischung etwa 3 Minuten unter Rühren köcheln lassen. Die Vanillecreme in eine Schüssel füllen, mit Frischhaltefolie abdecken und kalt stellen. | Die abgekühlte Vanillecreme in eine Schüssel geben und mit den Schneebesen des Handrührgerätes schaumig aufschlagen. | Die Sahne in einer Schüssel steif schlagen und unter die Vanillecreme heben. In einen Spritzbeutel mit Lochtülle füllen.

3 verzuckerte Heidelbeeren + 4 Lavendelzucker, siehe nächste Seite

3 *Verzuckerte Heidelbeeren*

250 g Heidelbeeren
1 Eiweiß
50 g feinster Zucker
1 EL Puderzucker
½ Zitrone
12 Zahnstocher

Zwölf schöne Heidelbeeren aussuchen und auf Zahnstocher stecken. Mit Hilfe eines kleinen Pinsels dünn mit Eiweiß bestreichen und mit dem Zucker bestreuen. Die Zahnstocher so in ein kleines Glas stellen, dass die Heidelbeeren gut trocknen können. | Die restlichen Heidelbeeren mit dem Puderzucker und etwas Zitronensaft fein pürieren und nach Belieben durch ein Sieb streichen. | Zum Anrichten jeweils ein Baiser auf der Unterseite mit der Vanillecreme bedecken. Ein zweites Baiser daraufsetzen und auf den Teller stellen. Zum besseren Stand der gefüllten Baisers einen Tupfen Vanillecreme daruntergeben. | Die Heidelbeersauce in einen kleinen Gefrierbeutel geben, eine Ecke abschneiden und damit ein Muster auf den Teller ziehen. Die Heidelbeeren von den Zahnstochern lösen und dekorativ auf der Fruchtsauce anrichten. Nach Belieben mit Puderzucker bestäuben und servieren.

4 *Lavendelzucker*

5 g getrocknete Lavendelblüten
500 g feinster Zucker

Die Lavendelblüten zusammen mit dem Zucker in einer Küchenmaschine fein mahlen und die Mischung durch ein Sieb geben, damit größere Blütenstückchen zurückbleiben. Anschließend sofort in gut verschließbare Gläser füllen und dunkel lagern. Lavendelblüten in Bio-Qualität bekommen Sie in der Apotheke.

REGISTER

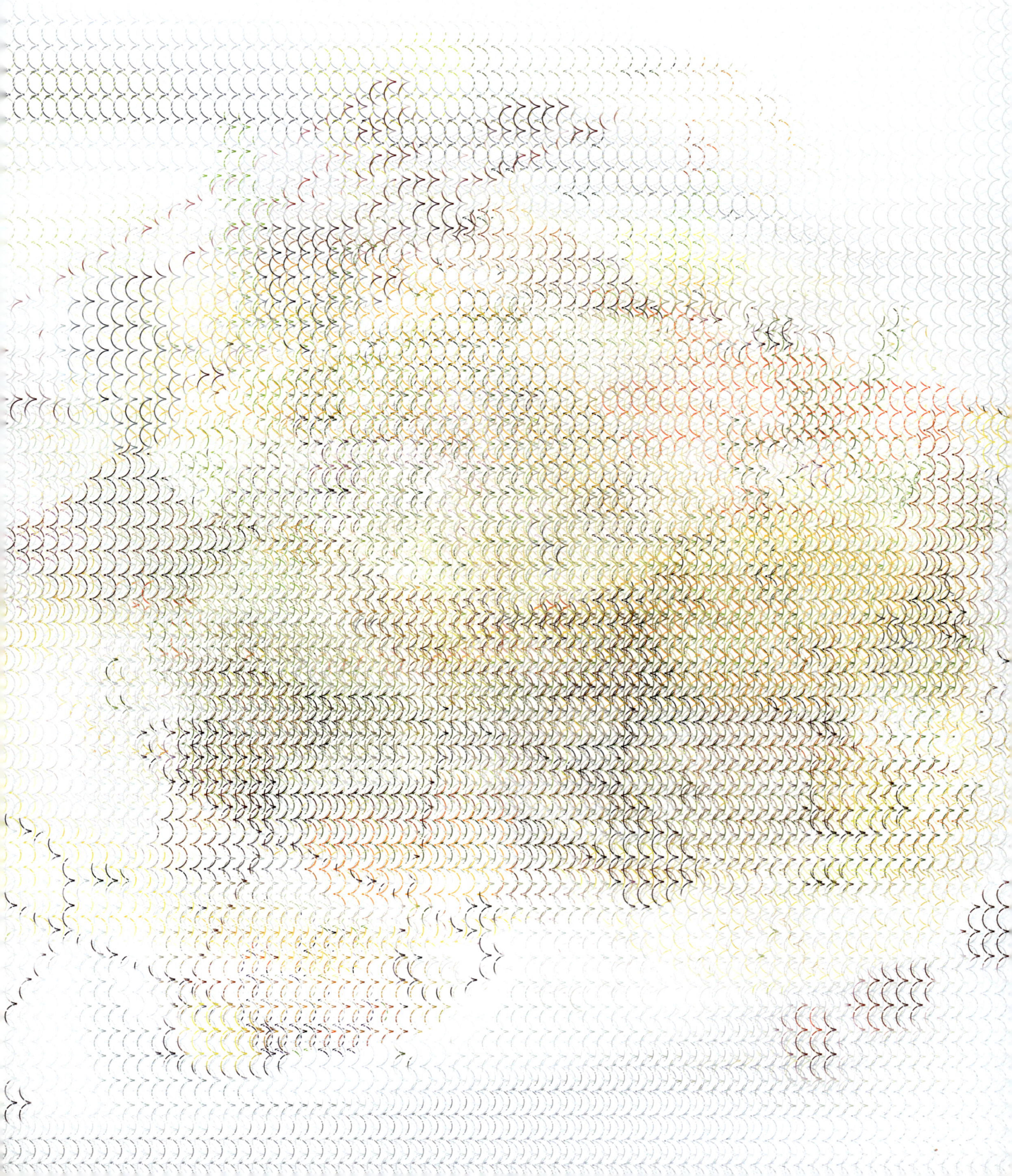